Prof. Dr. Dr. Dr.
A. E. Wilder-Smith

Der Mensch im Streß

Hänssler-Verlag
Neuhausen-Stuttgart

CIP-Kurztitelaufnahme der Deutschen Bibliothek

Wilder-Smith, Arthur E.:
Der Mensch im Streß / A. E. Wilder-Smith. – 3. Aufl. –
Neuhausen-Stuttgart: Hänssler, 1983.
(EDITION C: Taschenbuch; 81)
ISBN 3-7751-0067-9
NE: EDITION C / T

ISBN 3-7751-0067-9
3. Auflage 1983
EDITION C-Taschenbuch, T 81
© 1973 by Hänssler-Verlag, Neuhausen-Stuttgart
Umschlagentwurf: Daniel Dolmetsch
Herstellung: St.-Johannis-Druckerei C. Schweickhardt
7630 Lahr-Dinglingen
Printed in Germany   19500/1983

Inhalt

Einleitung

Folgendes soll einen skizzenhaften Überblick über die Bedeutung des Stresses andeuten.

Streß in einem Organismus wird als ein Zustand der Überbeanspruchung des Körpers und, oder der Psyche definiert, wobei Körper und Psyche Kräfte entwickeln oder Maßnahmen ergreifen, um gegen den eingetretenen Streß zu wirken. Es gibt im Körper im Nebennierenmark besondere Drüsen, die Streß mittels der Freilassung von gewissen Hormonen entgegenwirken. So wird während aller Arten von Streß bei Säugetieren Adrenalin (Epinephrin) freigelassen. Dieses Hormon verursacht gewisse körperliche physiologische Maßnahmen wie Blutgefäßverengung, erhöhten Pulsschlag und erhöhten Blutdruck, um dem Streß entgegenzuwirken, so daß der Körper die neue Lage überstehen kann.

Streß kann von:

1. körperlicher Anstrengung herrühren, wie bei Wettläufen, Springen und Schwimmen.

2. geistiger Anstrengung (engl. mental stress) herrühren. So wird Streß durch Sorgen, Angst, zu viel Störungen bei der Arbeit (Telefon, Radio, Fernsehen usw.) mehr oder weniger ausgelöst. Wir wissen alle, daß, wenn wir reisen, zu viel „Gucken" uns ermüdet. Also bloßes Sehen kann unter Umständen Streß auslösen. Mit anderen Worten kann das Eindringen von zuviel Umwelt und Außenwelt in unsere Innenwelt Streß verursachen. Unsere Innenwelt muß ihr Privatleben, sozusagen, führen können.

3. chirurgischen Eingriffen und Operationen herrühren. Dies nennt man chirurgischen Schock und stellt eine Art Streß dar mit allen seinen Begleiterscheinungen.

4. infektiösen Krankheiten akuter Art ausgelöst werden.

5. diabetischen Erkrankungen kommen. Störungen des Zuckerhaushaltes bringen Streß mit sich.

Die Liste könnte verlängert werden, doch genügen die oben angeführten Fälle für unsere Zwecke. Im folgenden wollen wir hauptsächlich über den Streß sprechen, der von geistiger Anstrengung herrührt. Die meisten von uns machen keine Olympiaden mit, so daß unsere Anstrengung und unser Streß hauptsächlich mit Sorgen, Geschäft und Familie zusammenhängen. In dieser Hinsicht wird das moderne Leben immer anstrengender.

Offensichtlicher Streß

Woher kommt dieser geistige Streß? Was ist er? Man „sieht" buchstäblich Probleme, man hört das störende Telefon. Nun, der optische Nerv ist der größte und meistbeanspruchte Nerv des Körpers. Er sendet unvorstellbare Zahlen an Impulsen jede Minute ins Hirn, das sie alle dann sinngemäß verarbeiten muß. Das gleiche gilt auch für das Nervensystem des Ohres, womit wir hören. Millionen von Impulsen werden pro Minute ins Hirn zur Dekodierung und Dechiffrierung gesandt.

So entstehen unsere Probleme. Sie dringen in uns hinein durch das Nervensystem der Augen, Ohren, des Tastgefühls, Geschmacks und Geruchs. Das Hirn muß alle Impulse von all diesen fünf Quellen sachgemäß bearbeiten. Körperlicher Streß beansprucht andere Teile des Muskel- und Nervensystems als geistiger Streß. Aber in beiden Fällen, bei körperlichem wie auch bei geistigem Streß, werden besondere Teile des Körpers überbeansprucht, was Streß hervorruft. Die Probleme in der Familie, im Geschäft oder im Beruf beanspruchen den „problemlösenden" Teil unseres Hirnes und lösen auf diese Weise Streß aus.

Laßt uns diesen Vorgang des geistigen Stresses ein wenig genauer anschauen. Ich arbeite an einem pharmakologischen Problem im Labor, was mich ziemlich in Anspruch nimmt, denn man muß konzentriert sein. Während mein Kortex, der Sitz des Bewußtseins und des „problemlösenden" Apparates, das Problem in Bearbeitung hat, kommt ein dringender Telefonanruf aus dem Ausland. Ich muß Tiere und Apparatur augenblicklich lassen, um zum Telefon zu laufen. Hier finde ich, daß derjenige, der mich anläutet, kein Englisch kann und mich in einer anderen Sprache anredet. Schnell schaltet mein „Computer" im Kortex um, um die Fremdsprache zu dechiffrieren und in der gleichen Sprache zu antworten. Wenn Sie bedenken, daß diese „Vorleistung" des menschlichen Hirns kein Computer in der Welt, nicht einmal die neuen Supercomputer, irgendwie annähernd fertigbringen können, wird Ihnen klar werden, was unser „Computer" im Hirn leistet.

Während ich am Telefon bin, arbeitet mein Hirn noch am pharmakologischen Problem weiter — es vergißt es nicht, während ich telefoniere, und zwar in einer anderen Sprache. Kaum bin ich mit dem Telefon fertig und zu meinem Versuch zurückgekehrt, da kommt ein Besuch, eine sehr wichtige Person, die ich empfangen muß. Während mein Hirn am pharmakologischen Problem und am geführten Telefongespräch weiterarbeitet, spreche ich mit dem Besuch über ganz andere Probleme. Mittlerweilen kommen Studenten immer wieder zwischendurch zu mir. Sie haben ihre eigenen Probleme, die ich kenne, und wobei ich ihnen behilflich bin. Das Hirn ruft alle Probleme, die die Studenten mir bringen, ins Gedächtnis. Mein Bewußtsein bearbeitet sie und gibt entsprechende Antworten — alles während ich mich mit dem Besuch unterhalte.

Kaum ist der Besuch weg, da kommt die Sekretärin mit einem riesigen Stoß Briefe, die ich auf der Stelle prüfen muß und unterzeichnen. Jeder Brief behandelt ein anderes Problem, das ich ins Gedächtnis zurückrufe. Nachdem ich es mir vergegenwärtigt habe, liefert mein problemlösendes Hirn die entsprechende Antwort. Mittlerweile behält das gleiche Hirn das pharmakologische Problem, das Telefongespräch in einer anderen Sprache, die Probleme des Besuches und die anderen Briefe, die ich vor mir zur Unterschrift habe, vor sich — es vergißt nichts. Es wird mir warm unter dem Kragen, ich fange an vor Streß zu schwitzen, was ich aber der Sekretärin und den umherstehenden Studenten nicht zeige.

Es wird bald Zeit, um Pause zu machen, damit man rechtzeitig zum Mittagessen zu Hause ist. Ich setze mich ins Auto, hole den Zündschlüssel vor, automatisch lasse ich den Motor an (dies ist ein Reflex, den ich gelernt habe) und fahre los. Im Verkehr kommen Millionen von Impulsen durch meine Augen und meine Ohren ins Hirn. Sie werden verarbeitet, und mit den Resultaten dieser blitzschnellen Bearbeitung vermeide ich die dauernden Drohungen der Kollisionen mit anderen Autos. Mittlerweile denke ich an das pharmakologische Problem, das Telefongespräch, den Besuch und an die Fragen der Studenten. Mein Computer ist unter mäßigem Streß.

Zu Hause angelangt, setze ich mich an den

Tisch und freue mich auf einige Augenblicke der Entlastung und des Ausruhens. Aber es gibt Zank unter den Kindern über irgendeine nichtige Angelegenheit, und die Suppe und der heiße Tee werden über den Schoß der Mutter verschüttet, die gerade ein neues Sommerkleid angezogen hatte. So muß mein Computer (und ihr Computer auch) gleich an neue Aufgaben gehen, die noch anstrengender sein können als die Probleme des Telefons und des Berufs. Um den Streß zu krönen, läutet gerade in dem Augenblick, in dem die Kinder heulen und die heiße Suppe über das neue Kleid meiner Frau fließt, der Dekan der Fakultät an, der ein wichtiges Problem mit mir „in aller Ruhe" während der Mittags-„pause" am Telefon besprechen möchte!

Zusammenfassend können wir also feststellen, daß geistiger Streß durch die fünf Sinne in meine Innenwelt eindringt und daß dadurch mein Computer überfordert wird. Nebenbei bedenke man, daß die Augen einen Großteil dieser Überfütterung durch den größten Nerv des Körpers in meinen Computer einlassen — durch die Augen und den optischen Nerv. Deshalb bin ich für mein Teil froh, daß ein gütiger Schöpfer meine

Augen mit Augenlidern als Standardaus-
rüstung ausgestattet hat. Aber oft wünschte
ich, er hätte mich auch mit Ohrenlidern ver-
sehen!

Was kann man aber tun, um unseren Computer zu „entstressen"? Die Antwort liegt
auf der Hand, wenn man oben Angeführtes
überlegt. Man muß die Überfütterung des
Computers mit den Impulsen aus den fünf
Sinnen reduzieren. Zuerst kann man die allgemeine Überlastung durch die Ohren reduzieren, indem man allgemeinen Lärm herab-
setzt. Wenn man Autofahrer dazu erziehen
könnte, ihre Autos leiser zu fahren, und
nicht immer bei jedem Gang auf Hochtouren
zu kommen, würde das allein vielfach Streß
auf der Straße stark vermindern. Natürlich,
ein automatisches Getriebe, sachgemäß ge-
handhabt, kann noch mehr Streß, durch die
Ohren vermittelt, vermeiden.

Dann könnte man dazu noch Streß durch die
Augen herabmindern. „Schreiende Reklame"
trägt ziemlich viel zu dieser Art Streß bei.
Wenn man diese Art unnötigen Stresses
ausschalten könnte, hätten unsere Computer mehr Leistungsfähigkeit für wirkliche
Probleme und Impulse. Laute Musik, wie
moderne Beatmusik, kann einen Menschen

streßkrank machen — geschweige denn regelrechte Schwerhörigkeit hervorrufen. Fernsehen und Radio, alle beide, „stressen" stark.

Verborgener Streß

Daß obige Quellen von Impulsen durch die fünf Sinne einen Menschen „stressen", liegt auf der Hand. Weil man sie sehr leicht feststellen kann, wären sie leichter zu beseitigen. Aber es gibt andere Quellen von Streß, die viel schwerer zu entdecken sind, und die deshalb gefährlicher sind. Ein Beispiel wird uns an dieser Stelle genügen.

Dr. Michael Bryan und Dr. William Tempest (New Scientist, 16. 3. 72, Seite 584) berichten vom Fall der mysteriösen Streßkrankheit einiger Graphiker in Bristol, England. Diese Männer arbeiteten in der Nähe der Fabrik, wo die neuen Motoren für das Concorde-Ultraschallflugzeug ausgetestet wurden. Ihre Büros waren deshalb sehr sorgfältig gegen Schall und Lärm isoliert worden, denn die Motoren sind sehr laut. Trotzdem entdeckte man, daß jedesmal, wenn die Motoren getestet wurden, viele Graphiker unter Übelkeit, Erbrechen und Kopfweh litten. Das Lärmniveau in ihren neuen Büros war tief.

Also Streß vom normalen Lärm war ausgeschlossen. Da holte die Leitung der Gesellschaft Spezialisten nach Bristol, um den Fall zu untersuchen. Denn es stand fest, daß die Krankheit, die wie eine Streßkrankheit aussah, nur dann in Erscheinung trat, wenn die Motoren, ein paar hundert Meter vom Büro entfernt, liefen.

Das Ergebnis dieser Untersuchung war, daß, obwohl das Büro gegen normale Wellenlängen gut isoliert war, die Isolierung gegen Infraschall, also gegen Wellenlängen unterhalb des normalen Hörbereichs sich als nutzlos erwies. Die Wellenlängen des Infraschalles, die die Concorde-Motoren entwickelten, gingen bis auf 1,5 Herz herunter. Normalerweise hört das menschliche Ohr im Bereich von 20—20 000 Herz. Tiere, darunter Hunde, Löwen, Katzen, Fledermäuse und Delphine haben ein noch breiteres Hörspektrum als Menschen. Wenn die Energie hinter dem Infraschall sehr hoch ist, hört selbst der Mensch bis zu 1,5 Herz. Aber normalerweise hört er nur bis zu 20 Herz herunter. Das Büro dieser Graphiker setzte seine Insassen dem Einfluß von ziemlich starkem Infraschall aus, den sie aber nicht hören konnten. Versuche ergaben, daß starker Infraschall allein imstande ist, die Symptome von Streß wie Schwindel, Kopfweh, Erbrechen, verlangsamte Reflexreaktionen, Euphorie und Dysphorie hervorzurufen.

Hier haben wir also eine Quelle des Stresses im modernen Leben, die versteckt ist. Weitere Untersuchungen haben dann etwas ganz Unerwartetes aufgedeckt. Überall, wo große Luftmassen in Bewegung gebracht werden, entstehen Infraschallwellen, die Streß hervorrufen können. Helikopter z. B. können diese Wirkung auslösen. Leise, große Autos bewirken bei offenem Fenster und hoher Geschwindigkeit das gleiche, so daß ihre Insassen leicht an Streß und dessen Folgen leiden können.

Es stellte sich sogar heraus, daß dieser Effekt wahrscheinlich mit der berüchtigten „Motorway Madness" („Autobahn-Verrücktheit") zusammenhängt, und zwar auf folgende Art und Weise. In England gibt es viel Nebel. Da öffnen die Autofahrer ihre Autofenster, um besser sehen zu können. Die Bewegung des Autos durch die Luft erzeugt Infraschallwellen, die Dysphorie oder auch Euphorie hervorrufen. Die Reflexreaktionen des Fahrers werden zur gleichen Zeit verlangsamt, so daß der Fahrer Gefahren langsamer oder gar nicht mehr erkennt. Er wird, wie die Polizei sich ausdrückt, „verrückt", fährt für die nebeligen Straßenverhältnisse viel zu schnell, so daß schreckliche Massenunfälle zustandekommen. Letzten Winter gab es Autobahn-Unfälle, in denen 70—100 Autos auf einmal verwickelt waren. Die Polizei schrieb diese Katastrophen dem sogenannten „Motorway Madness" zu, aber niemand hat die Ursache dieser „Verrücktheit" beim Fahrer selbst vermutet. Jetzt stellt es sich heraus, daß Streß durch Infraschall dafür verantwortlich sein kann.

Im Laufe dieser Untersuchungen stellte die Pharmakologie noch eine Komplikation heraus. Die „Streßkrankheit" drückt sich wie Alkoholintoxikation aus. Die Reflexe werden langsamer, der Mensch wird dysphorisch oder auch euphorisch je nach seiner Veranlagung. Deshalb testete die Polizei einige verunglückte Autofahrer auf Alkoholkonzentration im Atem. Obwohl einige wie betrunken aussahen, fand die Polizei keine Spur von Alkohol. Der Infraschallstreß wirkte wie Alkoholtoxikation.

Dies bringt uns zum letzten Schritt in dieser

Untersuchung. Infraschall bewirkt eine Intoxikation wie die von Alkohol. Für den Pharmakologen liegt es also nahe, die Wirkung von Alkohol und Infraschall zusammen zu prüfen. Dies wurde getan, wobei es sich herausstellte, daß Infraschall die Wirkung von Alkohol potenziert oder verstärkt. Das bedeutet, daß ein Glas Bier in der Gegenwart von Infraschall viel stärker wirkt als ohne. Wenn also ein Autofahrer ein kleines Glas Bier trinkt, was ihm normalerweise wenig ausmacht, wird das gleiche Glas Bier bei offenem Fenster im fahrenden Auto (Infraschall) intoxizierend wirken. So entstanden wahrscheinlich viele Autounfälle bei Nebel und offenem Autofenster . . . Infraschall und kleine Mengen von Alkohol potenzierten sich in der Wirkung. Überall, wo große Luftmassen in turbulenter Bewegung sind (Ventilatoren, Klimaanlagen, Hubschrauber, fahrende Autos usw.), tritt diese versteckte Streßgefahr auf.

Das Streßbild würde aber nicht vollkommen sein, wenn wir das Problem so belassen würden. Folgendes Beispiel sei erwähnt, um obiges Bild zu ergänzen. Wenn man neugeborene Affen nimmt und sie in kahlen, fensterlosen Käfigen bei künstlichem Licht, ohne menschliche oder affenmäßige Gesellschaft großzieht, wobei sie unpersönlich und automatisch von einem Rollriemen ernährt werden, bekommen sie regelmäßig akute Angstzustände, die oft das ganze Leben hindurch andauern, nachdem man sie aus den Käfigen herausgenommen hat.

Aus obigem Experiment geht hervor, daß nicht nur zu viel Impulse durch die fünf Sinne Streßzustände hervorrufen können. Das Gegenteil — zu wenig Impulse können das gleiche tun! Streß kann von zu viel — oder auch von zu wenig herrühren! Ein Ausgleich ist also nötig, um gesund leben zu können. Jeder muß sich selber kennen. Erst dann kann er entscheiden, wieviel und auch wiewenig Impulse er braucht, um ein ausgeglichenes Leben zu führen. Übermäßige Geschäftigkeit ist schädlich — wie auch übermäßige Faulheit!

Weitere Folgen des Stresses

Zuletzt müssen wir einige Folgen des Stresses erwähnen, die manchen konservativen Leser vielleicht schockieren werden. Diese Folgen sind erst in letzter Zeit erforscht worden, so daß sie einem breiteren Publikum noch ziemlich unbekannt sind. Einige einfache Beispiele führen uns in dieses neue Gebiet hinein.

Wenn man einen Menschen langsam zu Tode foltert — man koche ihn langsam in Öl oder man peitsche ihn zu Tode —, besteht die Möglichkeit, daß er kurz vor dem Tode in eine Agonie gerät, während der er halluziniert und allerlei sieht und erlebt, was Sterblichen sonst verborgen bleibt. In solchen Streßzuständen haben Märtyrer und andere den „offenen Himmel" gesehen, obwohl sie persönlich und augenblicklich eher in der „Hölle" waren. Während der Qual spielt oft ein Lächeln um ihren Mund. Sie sehen Wonne, während das Feuer ihre Leiber frißt. Menschen, die im Begriff sind, den Erfrierungstod zu sterben, erleben oft eine derart schöne Innenwelt, daß ihnen die Schrecklichkeit ihrer eigentlichen Lage völlig unbewußt bleibt. War es Bischof Cranmer, der seine rechte Hand zuerst ins Feuer legte, um sie vor der Verbrennung seines Körpers vernichten zu lassen, weil diese Hand seinen Gott einmal durch die Unterschrift eines ketzerischen Dokumentes verraten hatte? Während der Verbrennung seiner eigenen Hand soll er als Märtyrer eine Vision der Herrlichkeit Gottes gesehen haben.

Obige Fälle sind Beispiele extremen Stresses. Einige Begleiterscheinungen dieser Art Streß können also Halluzinationen, Visionen und Gesichte sein. Von der Bibel her wissen wir, daß unter dem Streß des Märtyrertums Märtyrer Gesichte gesehen haben.

Wir wollen versuchen, uns am Vokabular nicht zu stoßen, indem wir den Ausdruck für das Phänomen „Vision" oder „Halluzination" ein wenig definieren. Für uns hier soll eine Halluzination einfach das Erleben von Erfahrungen in der Gedankenwelt heißen, die mit der dreidimensionalen Wirklichkeit um uns herum wenig gemeinsam haben. Das heißt gar nicht, daß eine Halluzination keine „wirkliche" Erfahrung ist. Denn sie kann 1. bloß eine Verzerrung der dreidimensionalen Wirklichkeit um uns herum oder auch 2. ein Erleben einer transzendenten Wirklichkeit sein. Beide Möglichkeiten sind vorhanden, und beide können Aspekte einer Wirklichkeit sein.

Was uns hier interessiert, ist folgendes: Warum hat der Schöpfer den Körper so gebaut, daß er Visionen sehen kann, wenn er unter starkem Streß ist? Wenn wir ein wenig die Wirkungsweise des Stresses verstehen, werden wir zur gleichen Zeit ver-

stehen, wie ein Mensch unter LSD, Meskalin, Psilocybin und auch Haschisch ähnliches
sehen kann. Wir werden auch sehen, wie der
Streß des heutigen Zeitalters mit der Drogenepidemie gekoppelt sein kann. Wir müssen
nur das eine erkennen, — daß Gedanken,
sowie auch Visionen und Gesichte, a l l e
v o n c h e m i s c h e n V o r g ä n g e n g e -
t r a g e n w e r d e n.

Die Chemie, die meine Gedanken trägt

Wenn ich jeden Abend mit meinen Kindern
bete, kann ich das nur mit Hilfe der Diffusion
von Kaliumionen durch Membranen im Nervensystem tun. Ich kann meine Lungen mit
Luft nur deshalb füllen — damit ich laut
bete —, weil meine Rippenmuskeln bestimmte chemische Verfahren in die Wege
leiten. Wir dürfen uns nicht daran stoßen,
daß wir nur mit Hilfe von Chemie beten,
denken, atmen, uns bewegen können. Wir
sollen über die chemische Technik Gottes
staunen! D a m i t w i l l i c h a b s o l u t
n i c h t b e h a u p t e n , d a ß D e n k e n ,
B e t e n , R e d e n u s w. n u r C h e m i e
s i n d. Was ich gesagt habe, ist, daß Chemie
sie alle t r ä g t, genauso wie die Chemie
das ganze physikalische Leben trägt.

Nun, Streß hängt zusammen mit Chemie und auch mit den Begleiterscheinungen von Streßchemie wie Gesichte oder Visionen und Halluzinationen. Damit habe ich nie behauptet, daß diese Phänomene (Visionen) nur Chemie sind, sondern daß chemische Reaktionen sie tragen. Wenn wir obige Tatsachen fest vor Augen halten, werden wir uns weniger an dem stoßen, was jetzt folgt.

Chemie trägt Drogen- und Streßhalluzinationen

Wenn ein Mensch oder ein anderes Säugetier gestreßt wird, fließt Adrenalin, das Streßhormon, aus dem Nebennierenmark ins Blut. Als Resultat werden die Blutgefäße verengt (man wird durch diese Verengung blaß), das Herz klopft schneller, der Blutdruck erhöht sich und der ganze Körper gerät in Alarmbereitschaft. Normalerweise wird das überschüssige Streßhormon durch Enzyme rasch abgebaut, so daß der Normalzustand sich bald wieder einstellt.

Sollte aber die Abbautätigkeit der Enzyme herabgesetzt werden — was durch Überbeanspruchung derselben oder durch Medikamente geschehen kann —, dann wird das

Streßhormon nicht so schnell abgebaut mit der Folge, daß die Konzentration des Streßhormons im Blut relativ hoch werden kann. Unter diesen Umständen werden aus dem überschüssigen Streßhormon kleine Mengen von Adenochrom gebildet. Adenochrom hat, wie aus seiner chemischen Struktur ersichtlich ist, ähnliche Eigenschaften wie Meskalin — oder auch LSD, Psilocybin und Haschisch! Das heißt also, daß der Körper imstande ist, eine chemische Substanz zu bilden, die wie Meskalin oder auch LSD wirkt. Der Körper ist imstande, wenn genug Streß vorhanden ist, große Mengen von Adrenalin zu bilden, die dann teilweise in Adenochrom umgewandelt werden. Die Folge kann natürlich ähnlich sein, wie wenn man Meskalin oder auch LSD schluckt.

Normalerweise sind die Mengen von Adrenalin im Körper so minimal, daß nur die kleinsten Spuren von Adenochrom vorhanden sind. Der Mensch halluziniert also normalerweise nicht. Wenn man aber Amphetamine wie „Speed" einnimmt, beanspruchen die Speed-Moleküle die gleichen Abbauenzyme wie Adrenalin. Die Folge ist, daß ungenügende Mengen der Enzyme vorhanden sind, um das Adrenalin ganz abzubauen — die Enzyme sind mit dem „Speed" und dessen Abbau vollkommen beschäftigt, so daß die Konzentration von Streßhormon im Blut steigt. Das Resultat ist, daß der Mensch, der zu viel „Speed" einnimmt, leicht halluziniert. Er hat zu viel Adenochrom im Blut! Also, Streß kann Halluzinationen hervorrufen. Gewisse Drogen können auch das gleiche tun, weil sie in den Streßmechanismus eingreifen. „Speed" ist eben eine „Streß-Substanz".

Es ist unter Pharmakologen eine bekannte Tatsache, daß andere Stoffe in den gleichen Mechanismus eingreifen. Die Wirkung von LSD selber hängt mit dem Adrenalinstoffwechsel zusammen. Läßt man zum Beispiel die Hauptmengen von Adrenalin im Körper durch vorhergehende Zugabe des Tranquillizers Reserpin in die Blutbahn einfließen (so daß der Körper über wenige oder keine Adrenalinreserven mehr verfügt), k a n n m a n u n t e r L S D n i c h t m e h r h a l - l u z i n i e r e n. Auf der anderen Seite, gibt man einem Patienten z u e r s t LSD und dann eine halbe Stunde später den Tranquillizer Reserpin (der den Körper mit Adrenalin überflutet, w ä h r e n d L S D v o r h a n d e n i s t), dann halluziniert man viel stärker als unter der Wirkung der LSD allein. Das Streßhormon (Adrenalin) ist also irgendwie mit der Wirkungsweise der LSD und ähnlicher Stoffe verwickelt. Es kann also sein, daß Adenochrom (aus Adrenalin gebildet), wie oben geschildert, eine maßgebliche Rolle bei Halluzinationen spielt.

Wichtig ist es zu erkennen, daß der ganze Körper ein chemisches Laboratorium ist und daß Chemie unsere Gedanken, Gebete, Bewegungen der Muskeln und Versorgung der Gewebe mit Sauerstoff t r ä g t. Damit habe ich n i c h t g e s a g t, daß das Leben, die Gedanken, die Gebete n u r Chemie sind. C h e m i e t r ä g t s i e a b e r a l l e . . . genauso wie das Sattwerden nach dem Essen auch chemisch getragen wird! Auch Halluzinationen, Gesichte und Visionen können chemisch getragen werden — ohne dabei n u r C h e m i e zu sein.

Chemie v e r m i t t e l t meine Gedanken und die Chemie von Drogen sowie auch von Streß können die Vermittlung meiner Gedanken verzerren oder ändern, weil Chemie Chemie beeinflußt!

Aus obigen Gründen ist man jetzt in der Lage zu verstehen, warum die Heilige Schrift das Öffnen des Transzendenten unseren Denkprozessen durch psychedelische Drogen strengstens verbietet. Normalerweise bringen Verzicht und Streß Veränderungen der Vermittlung der Denkprozesse so mit sich, daß der Märtyrer oder der sonst gestreßte Mensch den offenen „Himmel" sieht, und der Beter auf dem einsamen Berg die innige Gemeinschaft mit seinem Gott erfährt. Gute physiologische Gründe liegen vor, um all dies zu erklären, auf die wir jetzt kurz eingehen wollen.

Die Physiologie, die Gesichte und Halluzinationen trägt

Einige führende Naturwissenschaftler glauben, daß das Hirn weniger eine Q u e l l e der Gedanken als ein Filter schon bestehender Gedanken ist. Man glaubt, daß die Basis des Universums eine große Quelle und ein Reservoir von Gedanken (Geist) ist. Man nennt diese Basis des Universums ein „Universal Think Tank (= ein universelles Denkreservoir"). Theoretisch gesehen, kann das menschliche Hirn alles aufnehmen und erfahren, was in diesem Universum vor sich geht. Doch wenn wir alles erfahren würden (alles wahrnehmen würden), was überhaupt

28

geschieht im Universum (und im „Think-Tank"), würden wir „ersticken" vor Eindrücken. Wir wären nicht lebensfähig und könnten auf dieser Basis nie überleben. Deshalb „filtriert" das Hirn das, was uns zum Überleben nicht notwendig ist, aus unserem Bewußtsein heraus. Mit anderen Worten, das „Spektrum" unseres Bewußtseins wird verkleinert, filtriert durch das Hirn. Manches, was im überdimensionalen Bereich des Weltalls geschieht, muß von unserem Hirn abgeschirmt werden, sonst könnten wir uns mit den alltäglichen Problemen des Überlebens im heutigen Leben nicht genügend befassen. Viele glauben, daß die außersinnliche Wahrnehmung (ASW) normalerweise ausgefiltert wird.

Aus diesen Gründen glauben also maßgebliche Naturwissenschaftler, daß unser Bewußtsein grundsätzlich viel breiter sein könnte, als es jetzt der Fall ist. Das Bewußtsein ist heute beschränkter, als der Bau des Hirns es erlaubt. Man könnte auch biblische Gründe zitieren, um diese Einstellung zu bestätigen. Denn Adam erfuhr vor dem Sündenfall, als er mit Gott im Paradies Gottes wandelte, das Göttliche und das Jenseitige sicher viel mehr als wir. Er wandelte mit

Gott, was ihm sicher ein breiteres Bewußt-
seinsspektrum verlieh, als heutigen Menschen beschert ist. Nicht nur das. Wir wissen, daß die Erlösten, wenn der Herr Jesus
die Wiederherstellung der Gottebenbildlich-
keit bei seinem Kommen einleitet, einen
neuen verherrlichten Leib empfangen werden, der d a s J e n s e i t i g e w i e a u c h
d a s D i e s s e i t i g e n o r m a l e r w e i -
s e e r f ä h r t. Also, das Bewußtseinsspek-
trum wird wiederum erweitert, was aber ein
Mensch in dem neuen Zustand im Gegen-
satz zum jetzigen Stand der Dinge gut vertragen wird.

Bewußtseinserweiternde Drogen (= psychedelische Drogen) sollen also den Bewußt-
seinsfilter im Hirn einfach erweitern. Da die
Einschränkung des Bewußtseins jetzt als
S c h u t z für uns gedacht ist (auf daß wir
als sündhafte Menschen überleben können),
wird die chemische Erweiterung desselben
für uns jetzt gefährlich sein. Sie ist für die
„Wiederherstellung" geplant, die noch nicht
erfolgt ist.

Außerdem besteht noch eine Gefahr. An verschiedenen Stellen im Neuen Testament wird
ein Verfahren erwähnt, das sich „Zauberei"

nennt (vgl. auch Gal. 5, 20). In der Konkordanz findet man, daß das Wort, das mit „Zauberei" übersetzt wird, eigentlich „Pharmakeia" heißt. Pharmakeia liefert uns die Wurzel des Wortes „Pharmazie" und „pharmazeutisch". Also, die Zauberei, die das Neue Testament in Galater 5 beschreibt, hängt mit der Kunst des Heraufbeschwörens von Trancezuständen durch Drogen (Trips) zusammen! D i e s e Kunst gehört in die gleiche Kategorie wie Unzucht, Unkeuschheit, Ausschweifung, Götzendienst, Feindschaften, Streit, Eifersucht usw.!

Aber, warum betrachtet die Bibel den Gebrauch von bewußtseinserweiternden Drogen so schwarz? Ich persönlich glaube, daß Gott in diesem Zeitalter die Erweiterung des Bewußtseins für extremen Streß reserviert hat. Vor dem Sündenfall genossen Adam und Eva ständig die Sicht des Unsichtbaren, denn sie wandelten mit dem unsichtbaren Gott wie selbstverständlich. Jetzt ist der Durchschnittsmensch derart von Gott und seinem Reich abgefallen, daß er eine solche Sicht nicht vertragen kann. Aber Gott hat wahrscheinlich diese Sicht selbst in diesem Zeitalter noch dem Mann oder der Frau reserviert, die in der Agonie dieser Welt des

Todes alles für ihn und sein Reich hergeben. Die Tatsache bleibt, daß solche Menschen der Agonie solche Visionen des Jenseitigen sehen, wogegen „normale" Menschen gar nichts erfahren. Durch Visionen und Gesichte bekommen sie, die Märtyrer, einen Einblick in das „Transzendente". Der Himmel öffnet sich immer noch und sie sehen Jesum, den Gekreuzigten, während sie auf ihre Art und Weise „gekreuzigt" werden.

Ist es aber berechtigt, als Christ so zu denken? Ich meine ja. Denn der Apostel Petrus schrieb ja: „Denn wer am Fleisch gelitten hat, der ist zur Ruhe gekommen von der Sünde" (1. Petr. 4, 1). Visionen und Einblicke in das Transzendente, das Öffnen der Himmel sind wahrscheinlich für diejenigen reserviert, die durch Streß (Leiden im Fleisch bringt mit sich einen darauffolgenden „Schluß" mit der Sünde, wie der Apostel Petrus sich ausdrückte) auf sie vorbereitet sind. Wenn die Einschränkung des Bewußtseins des Transzendenten als Folge des Sündenfalles geschah, würden wir es doch erwarten, daß, wenn durch Leiden um Jesu willen der Mensch mit der Sünde fertig geworden ist, etwas in der Richtung einer Bewußtseinserweiterung erfolgen würde. In dem Zustand der Todesagonie um Jesu willen ist der Märtyrer „mit der Sünde fertig geworden", so daß von Gottes Seite her einer Erweiterung des Bewußtseins nichts mehr im Wege steht. Streß schlechthin wird in die gleiche Richtung wirken, denn alle Menschen besitzen die gleiche Physiologie.

Aber, was sagen wir zum Gebrauch der bewußtseinsändernden Drogen? Das Aufreißen des Schleiers zwischen uns und dem Transzendenten, der durch Sünde gespannt wurde und der durch Entsündigung aus dem Weg geräumt wird, kann durch gewisse Drogen erfolgen. Doch glaube ich nicht, daß man Gottes Schleier so wegreißen kann, daß man eine Sicht von ihm erhält. Denn das Aufreißen wiederholt gewissermaßen den Gegenstand des Sündenfalles selber. Adam und Eva nahmen die Frucht der Erkenntnis des Guten und des Bösen, um eine neue Sicht zu erhalten. Das Ergebnis war natürlich, daß sie eine Sicht des Göttlichen verloren. Sie wurden böse. Deshalb ist „Pharmakeia" so überaus streng verboten in der Heiligen Schrift. Man will die Sicht des Göttlichen und Transzendenten mit der Gewalt der Chemie in die Hand bekommen. In Wirklichkeit sündigt man gegen ein strenges Verbot Gottes, das zu unserem Wohlstand gedacht ist.

Aber nicht nur die Heilige Schrift verbietet uns das chemische Aufreißen des Schleiers. Die Praxis lehrt uns das gleiche. Denn wer sind die Menschen, die durch bewußtseinserweiternde Drogen bessere Menschen geworden sind? Wenn wir den Schleier, der durch den Sündenfall aufgerichtet wurde, wegräumen wollen, müssen wir die Frage der persönlichen Sünde zuerst regeln. Der Herr Jesus starb für uns, um dieses Problem zu lösen. Damit ist eine wirkliche Basis geschaffen worden für die beatifische Vision, was uns bestimmt zu besseren Menschen macht — und zwar ohne Drogen.

Also, zu Streß als bewußtseinserweiterndes Mittel können wir unbedingt ja sagen. Aber zu psychedelischen Drogen als Methode, den transzendenten Schleier zu lüften, müssen wir von der Bibel und von der Praxis her nein sagen.

Folgende Kapitel erläutern nähere Einzelheiten des „Für und Wider" dieser Proposition. In diesem Zeitalter einer Epidemie gerade der bewußtseinsändernden Mittel sollen und müssen verantwortliche Menschen

34

auf diesem Gebiet klar sehen. Erkenntnis auf diesem Gebiet ist wirklich rar. Es hilft auch sicher nicht, wenn führende Männer in christlichen und anderen Kreisen, die Methode des Spottes ergreifen, um alle Aufklärung auf diesem Gebiet ins Lächerliche zu ziehen. Daß es paranormale Phänomene gibt, steht heute fest. Ob man sie paranormal oder „sechsten Sinn" nennt, ist einerlei. Beide Phänomene, Drogenepidemien und Streß, sind aktiv auf dem Gebiet des Paranormalen und Transzendenten.

I. Die Zerreißprobe wissenschaftlich gesehen

Die Umwelt und wir

Die heutige Welt bringt uns an den Rand totaler Aufreibung. Das wissen wir alle aus persönlicher Erfahrung. Was man aber vergißt, ist, daß es eine Wechselbeziehung gibt zwischen der Welt und mir und zwischen mir und der Welt. Wir sagen, die Welt macht mich kaputt, und vergessen unterdessen die Kehrseite, daß ich selbst dabei bin, die Welt zu zerstören. Beide Seiten sind da, das heißt, wir stehen in dieser Wechselbeziehung. Die Zeitungen und Zeitschriften schreiben, der heutige Mensch habe seine Umwelt erobert. Tatsächlich formt er seine Umwelt. Er bestimmt, wie unsere Großstädte aussehen, wie die Luft beschaffen ist und befliegt den Weltraum. Man vergißt aber, daß dieselben Großstädte und die Umwelt auch die Menschen formen oder deformieren.

Wir wollen uns nun die Umwelt ein wenig anschauen, wie sie vor 100, 500 oder 1000

Jahren aussah. Damals war sie sehr viel ruhiger als heute. Es gab eben andere Transportmöglichkeiten. In der Türkei, wo ich mich gegenwärtig aufhalte, sieht man, wie die Menschen vor tausend Jahren gelebt haben. Sie reiten immer noch auf kleinen Eseln, teilweise sogar mitten in Ankara. Überall auf den anatolischen Bergen sieht man Scharen dieser kleinen Lastträger. Am Sonntag nachmittag fahren wir oft aus der Stadt hinaus auf die großen, kahlen Berge. Dort trifft man einsame Menschen, die auf ihren Tieren vorbeireiten, schwerbeladen mit allerlei Gütern, die sie verkaufen wollen. Diese Leute sind nicht angespannt wie wir. Ihre Gesichter sehen ganz anders aus. Zwar sind sie mitunter sehr schmutzig. Doch sie singen, tanzen und spielen dazu auf ihren eigenartigen Flöten. Dabei sind ihre Gesichter oft kindlich und gelöst.

Eine Türkin hilft meiner Frau im Haushalt. Sie kann weder lesen, schreiben noch nähen. Zeigt ihr meine Frau, wie man näht, ist sie ganz begeistert. Aber wenn sie versucht, es nachzumachen, kann sie es nicht, obwohl sie gar nicht unintelligent ist. Sie ist eben nie zur Schule gegangen. Der Verdienst ihres Mannes, der als Hausmeister von fünf Uhr morgens bis zehn Uhr abends arbeiten muß, beträgt weniger als 100 Mark im Monat. Damit sind vier Kinder zu ernähren. Trotzdem leuchten ihre Augen.

Solche Menschen, soweit sie draußen in den Dörfern leben, wo es kaum Straßen gibt, führen ein Leben wie vor 1000 Jahren. Es verläuft still und ohne jede Hektik. Obwohl man heute schon das Geräusch von Transistorradios vernehmen kann, fehlt doch der uns längst vertraute zivilisatorische Lärm fast vollständig. Oft zanken sie sich laut und heftig, aber der Knall eines die Schallmauer durchbrechenden Flugzeuges und das Dröhnen der Preßlufthämmer oder die unendliche Flut vorbeirauschender Fahrzeuge sind rar. Nur das Knattern der Holzräder auf Kopfsteinpflaster und das Quietschen der „anatolischen Nachtigall" (ein türkisches Fuhrwerk) ist zu hören. Natürlich, das Bild ist im Begriff, sich schnell zu verändern. In 20 Jahren wird das alte Bild kaum noch bestehen.

Wirkungen der Umweltimpulse

Der menschliche Körper ist wie ein Radioempfänger. Er empfängt durch die fünf Sinne die Impulse der Außenwelt. Wir gebrauchen dazu unsere Ohren, Augen, Nase, Mund und das Tastvermögen, die sensorische Impulse liefern. Diese Impulse, die wir aufnehmen, gehen über die Nervenbahnen in das zentrale Nervensystem und werden dort aufgenommen. In einem Entzifferungszentrum im Gehirn werden sie dann dechiffriert und gedeutet. Wenn das geschehen ist, gelangen die Impulse weiter zum Kortex, dem Zentrum des Bewußtseins.

Wir wollen uns zuerst über die Methode, Geräusche aufzunehmen, Gedanken machen. Danach ziehen wir auch die anderen Methoden der Aufnahme in Betracht und formen uns daraus ein Gesamtbild.

Wir setzen einen Menschen einem starken, unerwarteten Lärm aus. Dieser wird durch die Ohren aufgenommen und gelangt durch das Nervensystem in das Entzifferungszentrum im Gehirn. Von dort wird die kodierte Botschaft weitergeleitet zum Zentrum des Bewußtseins, welches nun seinerseits Impulse aussendet und den Körper zu entsprechenden Reaktionen veranlaßt. Zu starker Lärm kann eine Art epileptischen Anfall als Reaktion auslösen.

Die anderen sensorischen Impulse, die uns mit der Umwelt verbinden, das Geschmacks-, Geruchs-, Seh- und Tastvermögen, bewirken prinzipiell dasselbe in unserem Körper. Wenn ich nun weiß, wie der Körper auf Geräusche reagiert, kann ich daraus auch Schlüsse auf die vier anderen Sinne ziehen.

Die erste Wirkung eines zu starken Geräusches ist eine Vasokonstriktion, d. h. eine Verengung der Blutgefäße. Dadurch wird die Blutzirkulation gehemmt, der Blutdruck erhöht und das Gewebe blutleer, was wir als Blässe bezeichnen. Wenn dieses Stadium zu lange andauert, treten infolge Sauerstoffmangels Organschäden im Körper auf. Das zweite ist: die Pupillen werden groß. Es fällt zuviel Licht ins Auge und stimuliert die Netzhaut so, daß zusätzliche Impulse vom Auge her in das Entzifferungssystem eindringen. Die Muskeln spannen sich und pressen das Blut aus ihrem Gewebe. Dann veranlaßt das Hirn eine Verminderung der Magensaftproduktion, worauf die Verdauung reduziert wird. Das bedeutet wiederum Gärung der Nahrung im Magen-Darm-Trakt. In diesem Zusammenhang wird Adrenalin aus der Nebennierenrinde in die Blutbahn abgegeben, was Vasokonstriktion zur Folge hat.

Dies ist die erste physiologische Reaktion auf übermäßige Stimulierung, auf zuviel Reiz und Streß durch Lärm. Es ist einfach das, was man einen Streß-Zustand nennt: Alles ist angespannt.

Es bleibt aber nicht nur bei dieser physiologischen Wirkung, sondern es wird auch das Nervensystem in Mitleidenschaft gezogen. Die Psyche (Seele) gerät auch bei zu starkem Geräusch in einen gespannten Zustand. Dieser Vorgang ist ein Reflex, der in jedem Menschen automatisch abläuft und nicht ohne weiteres steuerbar ist. Bemerkenswert ist noch, daß nicht nur unliebsame Geräusche diesen Vorgang auslösen.

Ein Wissenschaftler führte folgenden Test durch. Er wählte einige Personen aus Dortmund, New York und einem afrikanischen Stamm im Sudan aus und testete sie einzeln hinsichtlich ihrer Lärmreaktion. Ohne daß sie es vorher wußten, setzte er sie sehr starkem Lärm aus und löste dadurch den Vorgang der Vasokonstriktion aus, der die Anspannung des gesamten Nervensystems mit sich brachte.

Man stellte fest, daß die Leute aus New York und Dortmund genauso reagierten wie die Eingeborenen aus dem Sudan, die ein Leben führen wie etwa Leute im Hinterland der Türkei. Alle Testpersonen wurden blaß, die Pupillen groß, und das Nervensystem spannte sich außergewöhnlich stark. Aber noch etwas anderes stellte sich heraus, das man nicht erwartet hatte. Während sich die Entspannung bei den Menschen aus New York und Dortmund erst nach längerer Zeit und unvollkommen einstellte, erholten sich die Eingeborenen augenblicklich und vollkommen. Der Grund dafür war naheliegend. Die Menschen in Dortmund und New York sind so überspannt, daß sie ständig in einem Zustand des Stresses leben, aus dem sie nicht mehr herauskommen. Sie sind zu lange überfordert worden, zu lange durch zuviel Lärm und Spannung in einer Zerreißprobe gewesen, daß sie sich nicht mehr entspannen können. Ihre Gefäße sind ständig verengt, was den erhöhten Blutdruck bewirkt. Diese ständige Verengung hat zur Folge, daß Organe und Gewebe fortdauernd dem Sauerstoffmangel ausgesetzt sind.

Es ist bekannt, daß ein Organ bei Sauerstoffmangel chronisch erkranken kann. Einige Mediziner sind der Ansicht, daß der Krebs infolge einer Mangeldurchblutung entstehen kann und gefördert wird.

Das Geräusch, das durch die Ohren eingeht, löst eine Form von Streß, Spannung oder Zerreißprobe aus. Der Mensch kann nur eine bestimmte Geräuschstärke aushalten. Wird diese überschritten, können Verletzungen oder gar Zerstörung des Gehörs eintreten. Auch epileptische Anfälle, so wurde festgestellt, werden durch Geräuscheinwirkungen ausgelöst. Aber sie sind nicht der einzig störende Umwelteinfluß. Das Beispiel „Lärm" habe ich gewählt, weil es eine allgemeine Plage ist. So sind wir gleichzeitig auch anderen Plagen ausgesetzt, die genau dieselben Auswirkungen haben. Aber man denkt selten darüber nach, weil es sich um weniger offensichtliche „Streß-Formen" handelt.

Die Sorgen mit der Kindererziehung sind auch ein Beispiel der Streßformen, denen man ausgesetzt ist. Man entdeckt, daß ein Kind Haschisch raucht, wie es jetzt vielfach in Ankara, besonders aber unter den Amerikanern und auch anderen Ausländern geschieht. Ein Kommandant der Armee in der

Türkei ist nach Hause geschickt worden, weil sein Sohn Anführer von Haschischrauchern war. Die Spannung, die durch diese Situation in dem Offizier erzeugt wurde, verursachte in seinem Körper wahrscheinlich die gleichen physiologischen Folgen wie die Spannung durch zuviel Lärm.

Beide Streßzustände, die von Lärm, oder die, die von Sorgen herrühren, können zu Organschäden führen. Das zunehmende Auftreten von Gehörschäden unter „Beat"-Anhängern zeigt die Gefahr von zuviel Lärmstreß.

Eine weitere Überforderung der Seele wird durch Streit in der Ehe verursacht. Man ist überlastet und explodiert, man sagt Dinge, die lieber nicht gesagt worden wären.

Viele andere Belastungen ließen sich hier noch anführen, wie zum Beispiel das Berieselnlassen durch das Radio, das zu häufige Sehen in die Bildröhre, zuviel Lesen in Zeitschriften und Zeitungen, „schreiende" Reklame und vieles mehr. Sie alle bewirken im Grunde den gleichen Effekt. Sie führen den Menschen in einen anhaltenden Streßzustand, der zu psychischer und auch zu körperlicher Krankheit führen kann.

Überbelastung des Bewußtseins

Wir kommen jetzt zu einer weiteren wissenschaftlichen Einsicht. Der Mechanismus, der die Umwelteinflüsse, die in uns eine Reaktion auslösen, steuert, ist immer derselbe. Alle Empfangsorgane arbeiten auf eine ähnliche Weise wie das Gehör. Die Ohren nehmen das Geräusch auf und vermitteln es über Nervenfibern dem Entzifferungszentrum im Hirn, das wie eine Telefonzentrale funktioniert, von wo es dann, wie schon zuvor beschrieben, zum Kortex, dem Sitz des Bewußtseins, weitergeleitet wird.

Der ganze Körper ist von solchen Nervenendungen, die genau, wie das Ohr, Impulse auffangen, übersät. Wenn ich etwas betaste, gehen Millionen von Impulsen den Arm hinauf und vermitteln dem Bewußtsein das Tastgefühl. Berührt mein Fuß den Boden, so wird der gleiche Mechanismus in Gang gesetzt, was mir fast augenblicklich bewußt wird. Alle Impulse werden in das Zentrum unter das Hirn geleitet, wo eine sehr kleine, aber ungeheuer leistungsfähige „Telefonzentrale" sitzt, die nicht nur vermittelt, sondern auch entziffert. Alle Botschaften, die die Nerven weiterleiten, ob von den Fingerspitzen oder vom Ohr, werden durch einen Code weitersignalisiert.

Die Impulse sind, elektrisch gesehen, alle ähnlich. Ihre Bedeutung wird erst im Hirn ausgelegt und danach weitergegeben. Es handelt sich also um ein wunderbares, kleines Vermittlungs- und Entzifferungsorgan, das das ganze Bewußtsein des Menschen speist.

„Die Telefonzentrale" — ein Engpaß

Diese Zentrale kann nur eine bestimmte Anzahl von Impulsen pro Sekunde verarbeiten. Es ist deshalb leicht möglich, sie zu überlasten. Wenn sich zum Beispiel eine Hausfrau beim Bügeln die sehr empfindsamen Fingerspitzen verbrennt, geht ein riesiger Stoß von Impulsen den Arm hinauf. In diesem Augenblick ist es für sie unmöglich, noch mathematische Probleme für die Hausaufgaben der Kinder zu lösen. Das Entzifferungssystem ist von den Schmerzimpulsen so überlastet, daß es nichts mehr aufnehmen noch verarbeiten kann. So entsteht durch den Streß starker Schmerzen eine Art „Denkblock".

Ein Beispiel soll das veranschaulichen. Ein Zahnarzt diskutierte mit einem Patienten über die Funktion des Nervensystems. Der Zahnarzt behauptete, er könne dem Patienten einen Zahn ziehen, ohne Betäubungsmittel zu gebrauchen, und der Patient würde es nicht einmal spüren.

Der Zahnarzt wählte folgende Methode, um seine Behauptung zu beweisen. Er gab seinem Patienten einen Kopfhörer, der an einen leistungsfähigen Verstärker angeschlossen war. Der Verstärker wurde mit lauter Musik gespeist. Dann wies der Zahnarzt seinen Patienten an, sobald er während des Zahnziehens Schmerzen empfände, die Lautstärke zu erhöhen. Dieser befolgte den Rat, und tatsächlich gelang dieses Experiment.

Das Prinzip ist ganz einfach. Die Zentrale im Gehirn wurde mit Botschaften vom Ohr her derart überlastet, daß, als die Schmerzimpulse vom Kiefer gesendet wurden, sie nicht mehr verarbeitet werden konnten. Deshalb wurden keine Schmerzen vom Kiefer her gemeldet, obwohl sie gesendet wurden. Somit kann man also von einer Impulsaussendung ohne Registrierung oder Bearbeitung im Entzifferungszentrum sprechen. Auf

diese Weise läßt sich durch eine Überbelastung dieses Zentrums im Gehirn eine
B e t ä u b u n g herbeiführen. D i e s e B e -
t ä u b u n g   i s t   e i n e   F o l g e   v o n
S t r e ß ,   w a s   w i r   n u n   w e i t e r   v e r -
f o l g e n   m ö c h t e n.

Betäubung im Streß

Es kann vorkommen, daß ein Soldat im
Streß des Gefechtslärms und in der allgemeinen Anspannung es nicht bemerkt, daß
ihm ein Finger oder gar ein Fuß abgeschos-
sen worden sind, der Streß hat ihn betäubt.
So kann es auch Kindern beim Fußballspie-
len gehen. Im Eifer des Spieles verrenken
sie sich einen Fuß. Doch erst, wenn die Anspannung vorüber ist, werden sie sich der
starken Schmerzen bewußt.

Aller Lärm, wenn er zu stark ist, alle Hitze
des Gefechts, alle Betriebsamkeit (!), Streß
jeder Art kann a l l e   f ü n f   S i n n e   b e -
t ä u b e n! Das ist es, was uns heute so
sehr zu schaffen macht. Unsere Welt ist laut
geworden. Nicht nur laut an Geräuschen,
sondern auch laut an Impulsen allerlei Art,
die unser Nervensystem überlasten, so daß
andere Impulse gar nicht mehr aufgenommen

und dechiffriert werden können. Der Mensch steht häufig unter konstantem Druck. Man ist nicht nur erschöpft, sondern auch betäubt — abgestumpft. Der Blutdruck ist erhöht. Die Gewebe haben zu wenig Blut und zu wenig Sauerstoff. Wir sind „streß-krank". Wir werden physiologisch geschwächt und infolgedessen auch nervlich labil, ja sogar betäubt. Das ist die Situation vieler Menschen heute.

Die allgemeine A b s t u m p f u n g unserer heutigen Menschheit ist also eine Folge der „Streß-Krankheit". Sie macht uns auch allem Geistlichen und Religiösen, ja letztlich dem eigentlichen Sinn des Lebens gegenüber gleichgültig und unempfindlich. Wir leben betäubt, abgestumpft in den Tag hinein.

II. Der Mensch in der Zerreißprobe

Jesus in der Zerreißprobe

Obwohl es in der Welt von heute viel lauter zugeht und es viel mehr Impulse gibt als früher, hat es zu jeder Zeit, früher jedoch vielleicht seltener als in unseren Tagen, Streß-Situationen dieser Art gegeben. Dazu ein konkretes Beispiel. Jesus Christus hatte, als er Menschen heilte und alle auf ihn eindrängten, nicht einmal Zeit zu essen. Es war ein Andrang und Gedränge, daß niemand zur Tür hereinkommen konnte. Und doch hat er geholfen. Er war ebenso in der Zerreißprobe wie wir. Wenn ich weiß, daß Gottes Sohn Mensch war, und daß er als Mensch in der gleichen Situation wie wir stand, hilft mir das sehr. Dann weiß ich, daß er mich in meiner Lage versteht. Die Welt damals war zwar ruhiger, sie war anders als unsere Welt, aber wenn man tätig ist, wie Jesus, der Sohn Gottes, tätig war, kommt man zu jeder Zeit in eine ähnliche physiologische Lage wie die, in der wir heute stehen.

Die Zerreißprobe also ist nicht neu. Neu ist

nur die Art und Weise, mit der der Streß auf uns zukommt. Er macht sich heute meist als Folgeerscheinung unserer technisierten Welt bemerkbar. Aber die Überbelastung des menschlichen Geistes an sich ist so alt wie der Mensch selbst. Auch Jesus hat das erfahren, aber er hat es überwunden. So brauchen wir nur zu beachten, w i e er den Streßzustand überwunden hat, und dann das gleiche zu tun. Wie hat er es also getan?

5000 Männer hörten Jesus zu. Alle waren hungrig. Außerdem hatten sich noch Frauen und Kinder um ihn versammelt. Er gab ihnen zu essen, und sie wurden alle satt. Dabei hatte er nur zwei Fische und fünf Brote. Es war ein Durchbruch des Glaubens an die Macht seines Vaters, als er ihn um Fische und Brote bat, um 5000 Menschen zu speisen. Jeder Glaubensakt kostet Kraft, verschlingt Energie, bringt Streß. Man braucht nur die Geschichte der blutflüssigen Frau (Luk. 8, 40) zu lesen, um diese Tatsache zu begreifen. Die Frau trat heimlich an Jesus heran und rührte ihn im Glauben an ihre Heilung von hinten an. Der Herr Jesus merkte augenblicklich, daß der Glaubensakt der Frau Kraft gekostet hat — und daß er selber der Spender dieser Kraft geworden war. Erst nach dem Glaubensakt tritt die Ruhe, die Entspannung ein . . . gehe hin in Frieden!

Was tat Jesus, als die Speisung vorbei war? Er befahl seinen Jüngern, das Volk wegzuschicken. Wir sind ständig dabei, Leute einzuladen. Jesus tat das auch, und sie folgten ihm hinaus in die Wüste; aber er schickte sie auch weg. Das ist es, was wir vergessen. Deshalb leben wir in einem permanenten Streßzustand — weil wir keine Notwendigkeit sehen, die Leute wegzuschicken.

Irgendwann kommt jeder einmal in eine Zerreißprobe. Das Leben ist eben so; und so soll es auch sein. Wir sind für Zerreißproben gebaut. Darum hält der menschliche Körper sie aus. Unser ganzes Drüsensystem ist darauf angelegt. Die Zerreißproben erhalten uns sogar gesund. Wenn wir sie nicht haben, faulenzen wir. Aber die andere Seite darf nicht zu kurz kommen. Das Volk wegschicken, die Tür zuschließen und still vor Gott werden, wenn die Probe vorbei ist, soll die Folge jeder großen Anspannung sein.

Ich denke oft an meine Mutter, die über 81 Jahre alt geworden ist. Sie hat fünf Kinder auf einem Gut in England erzogen. Sie wußte, was eine Zerreißprobe ist! Aber jeden Mittag nach dem Abwaschen ging sie in ihr Schlafzimmer und riegelte die Tür zu. Ich glaube, eine Atombombe hätte sie nicht aus ihrem Zimmer bringen können! Sie blieb dort, um die Bibel zu lesen und für uns alle zu beten. Und dann, zwischen halb vier und vier Uhr, kam sie herunter, erquickt und erfrischt. Sie ist jung geblieben bis ins hohe Alter, immer frisch und fröhlich. Jesus übte genau diese Methode aus. Er sagte nicht: „Vermeidet die Zerreißprobe!" Das Leben bedeutet immer wieder Streß, besonders wenn man etwas leisten, wenn man arbeiten und kein Faulenzer sein will. Aber die andere Seite muß auch da sein. Wir müssen nach dem Streß in die Stille, wie der Herr es tat. Christ bin ich, wenn ich Jesus Christus nachfolge auch in bezug auf Zerreißproben — und die nachfolgende Stille.

Die größte Zerreißprobe war das Kreuz. Ich möchte nichts Falsches sagen oder etwas behaupten, das nicht der Ehre Gottes dient. Aber ich glaube, daß die Verbindung Jesu zu seinem Vater in dieser schrecklichen Prüfung, durch die er hindurchging, vielleicht nicht mehr auf die gleiche Weise bestand wie vorher. Die unsagbaren Leiden der Kreuzigung, die seine Sinne betäubten, ließen ihn sogar ausrufen: „Mein Gott, mein Gott, warum hast du mich verlassen?" (Mark. 15, 34). Hatte ihn Gott in Wirklichkeit verlassen? Gott ist überall und hat gesehen und erlebt, was da am Kreuz geschah (Gott war in Christus), als sich die Sonne verfinsterte. Welch eine Zerreißprobe! Doch brachte das „Dein Wille geschehe" (in Gethsemane) dann die Entlastung in der Probe.

Die Jünger Jesu in der Zerreißprobe

Auch die Jünger waren Zerreißproben unterworfen. Drei Jahre zogen sie mit Jesus durchs Land, taten mit ihm Wunder, erhielten die Vollmacht, böse Geister auszutreiben und Krankheiten zu heilen. Wir wissen, daß sie nach ihrer Aussendung mit großer Freude zurückkamen und berichteten: „Herr, auch die Dämonen sind uns untertan!" (Luk. 10, 17). Sie waren überzeugt, daß Jesus als der Messias die Römer aus dem Land treiben würde, um sein Reich aufzurichten und daß sie mit ihm herrschen und ein herrliches Leben führen würden. Da erlebten sie den Skandal des Kreuzes. Ihr Herr und Meister wurde wie ein Verbrecher hingerichtet, und ihr Traum war zerstört. Jesus erlitt Schande und Schmach. Eine größere Zerreißprobe als diese große Enttäuschung konnte es für sie kaum gegeben haben. Sie hatten ihr Haus, Gut und ihr Gewerbe, alles, was sie hatten, verlassen, um Jesus nachzufolgen. Jetzt mußten sie sich mit der Frage beschäftigen, was überhaupt aus ihnen werden sollte.

Die Bibel berichtet von der Mutter des Jakobus und Johannes, daß sie zu Jesus sagte: „Bestimme, daß meine zwei Söhne zu deiner Rechten und zu deiner Linken sitzen sollen in deinem Reich" (Matth. 20, 21). Dann sahen diese Menschen Jesus, den sie für einen König hielten, am Kreuz sterben. Sie wußten, daß er tot war und ins Grab gelegt wurde — sie hatten es mit eigenen Augen gesehen.

Als zwei von ihnen auf der Straße von Emmaus dahinwanderten, waren sie von dieser Zerreißprobe derart betäubt, daß sie Jesus nicht einmal erkannten, als er mit ihnen ging. In der Bibel heißt es: „Ihre Augen wurden jedoch gehalten, damit sie ihn nicht erkannten" (Luk. 24, 16). Sie erkannten Jesus nicht! Waren ihre Sinne durch Streß betäubt? Nach der Zerreißprobe lauschten sie Jesu Worten, als er ihnen die

Schriften auslegte und in der Stille um den Tisch das Brot brach. Als sie also nach dem Streß mit Christus ausruhten, dem Wort Gottes zuhörten, kam die entlastende Gegenreaktion — d i e S t i l l e . . . und ihre Augen wurden wieder sehend, sie wurden „enttäubt", sie kamen wieder „zu sich". Sie „entstumpften" sich in der Stille.

Der „sechste Sinn"

Wir haben festgestellt, daß die Zerreißprobe psychisch und auch körperlich betäubt. Diese Betäubung ist teilweise eine Folge einer Mangelversorgung der Gewebe, auch des Herzmuskelgewebes, und teilweise einer Überbeanspruchung der Nervenzentrale, die eine Unempfindlichkeit der schmerzführenden Nervenbahnen in diesen Geweben einleitet, was gewissermaßen einer Anästhesie gleichkommt. In diesem Zustand ist man nicht mehr in der Lage, alles Geschehen um sich herum aufzunehmen, das Wichtige vom Unwichtigen zu unterscheiden.

Alle fünf Sinne (man kann bis zu elf Sinne zählen, je nach Einteilung), Tasten, Sehen Riechen, Schmecken und Hören gehen, wie schon berichtet, über das Entzifferungssystem des Gehirns ins Bewußtsein. Einige Wissenschaftler glauben aber nun, daß der Mensch neben den fünf Sinnen einen „sechsten" besitzt, der für außersinnliche Wahrnehmung verantwortlich ist. Die fünf Sinne nehmen alle Impulse unserer dreidimensionalen Welt auf und leiten sie über das Hirn in unser Bewußtsein. Sie sind sozusagen Antennen, die Impulse der dreidimensionalen Umwelt in unser Bewußtsein leiten.

Der „sechste Sinn" ist nach der Meinung einiger Naturwissenschaftler auch eine Antenne. Die Impulse, die er empfängt, entstammen jedoch der unsichtbaren, transmateriellen Welt und werden ebenfalls in unser Hirn über die gleiche Zentrale geleitet. So ist unser Entzifferungszentrum im Hirn imstande, sowohl Impulse aus dieser diesseitigen Welt durch die fünf Sinne als auch aus der transzendenten Welt durch den „sechsten Sinn" zu empfangen und zu verarbeiten. Adam war so gebaut — er erfuhr das Transzendente mit Gott und lebte zur gleichen Zeit auf der Erde. Nur der Sündenfall unterbrach diese Fähigkeit.

Dies bringt einige Folgen mit sich. Wenn wir unser Dechiffrierungszentrum mit zu viel

„Lärm" belasten, ist es nicht mehr imstande, andere Impulse, wie die des Schmerzes, zu verarbeiten. Und wenn alle fünf Sinne die Zentrale überlasten, ist letztere nicht mehr imstande, die Impulse des „sechsten Sinnes" zu dechiffrieren. Der vielbeschäftigte „Chef" hat oft keinen Sinn fürs Jenseitige!

Der Einfluß von gewissen Drogen

Wir haben am Beispiel Zahnarzt und Patient gesehen, daß Schmerzimpulse durch Lärmimpulse überdeckt oder auch ausgeschaltet werden können. Befindet sich nun ein Mensch unter dem Einfluß von gewissen psychedelischen Drogen, so kann er durch Lärm oder eine kalte Dusche aus seiner „Drogenvision" oft befreit werden.

Wenn man eindringlich und autoritativ mit einem LSD/Haschisch-Triper spricht, der unter einem „Bummer" (einem schlechten Trip) leidet, kann man ihn unter Umständen von seinen schlechten Erfahrungen befreien. Dies nennt man in Fachkreisen „Talking a person down" (= einen Triper herunterreden). Die Zentrale des Tripers war voller halluzinatorischer Impulse, die dann durch die Impulse von den Ohren her verdrängt werden. Die

Folge ist, daß die Halluzinationen verschwinden. Diese Methode, die einfach, aber physiologisch gut fundiert ist, wirkt leider nicht immer.

Die Impulse aus der alltäglichen Welt sind also imstande, durch Überbelastung des Dechiffrierungssystems im Hirn die Impulse aus der halluzinatorischen Welt zu vertreiben. Die fünf Sinne sind somit imstande, halluzinatorische Impulse zu überschwemmen.

Aus obigen Gründen ist es erforderlich und biblisch, daß man ins stille Kämmerlein geht, wenn man den „sechsten Sinn" besser wahrnehmen will. Dort werden die lauten Impulse aus dieser Welt gedämpft, so daß wir die Signale der anderen jenseitigen Welt besser aufnehmen können. Aus dem gleichen Grund schließt man die Augen beim Gebet . . ., die Augenimpulse, die außerordentlich stark sind, müssen gedämpft werden, wenn die Impulse des „sechsten Sinnes" nicht verdrängt werden sollen. Deshalb kann kein Christ ohne die regelmäßige Stille richtig leben. Ohne sie ist es nicht leicht, die göttliche, jenseitige Stimme zu hören.

Ein persönliches Erlebnis

Folgendes persönliche Erlebnis mag die Existenz des „sechsten Sinnes" schlechthin unterstreichen. Vor zehn Jahren lebten wir in Norwegen. Unser drittes Kind, Clive, kam dort zur Welt. Acht Tage nach seiner Geburt besuchte uns mein Bruder mit seinen fünf kleinen Töchtern. Die Mädchen hatten noch nie einen so kleinen Jungen gesehen. Das war eine Freude! Unser Kind lag oben auf dem Balkon. Die kleinen Nichten bestaunten das neugeborene Baby. Die kleinste Tochter meines Bruders war gerade zwei Jahre alt. Sie war ganz begeistert von ihrem kleinen Cousin, streichelte seinen Kopf, seine Fäuste und probierte, ihn aus dem Bett zu heben. Sie wollte ihn an den Füßen herausziehen, so daß sein Kopf bestimmt hart auf den Boden geschlagen wäre. Um das zu verhindern, blieb immer jemand in der Nähe, denn die Kleine zog es immer wieder in das Zimmer von Clive.

An einem Abend hatte der König von Norwegen die ganze Fakultät der Universität Bergen, zu der ich damals gehörte, zu einem Empfang eingeladen. Meine Frau und ich überlegten uns, ob es gefährlich sei, die Kinder allein zu lassen. Damals hatten wir eine nette und zuverlässige Krankenschwester, die meine Frau nach der Entbindung pflegte. Zu ihr sagte ich, bevor wir an dem Abend wegfuhren: „Sie müssen sehr aufpassen. Die Kleinste interessiert sich zu sehr für das Baby. Warten Sie lieber mit dem Geschirrabwaschen, bis alle Kinder im Bett sind."

Gegen sieben Uhr abends fuhren wir dann weg. Wir mußten sehr steile Serpentinen hinunter, um auf die Hauptstraße zu gelangen. Plötzlich greift meine Frau zu mir herüber und ruft: „Stop!" Ich bin gewohnt zu gehorchen und habe sofort angehalten! Mit dem Mercedes auf der steilen Straße war das gar nicht so einfach. Ich war etwas aufgebracht. „Was heißt hier stop?" — „Das Baby", antwortete sie, „wir müssen sofort zurück!" Befehl ist Befehl! Ich versuchte umzudrehen. Als der Wagen quer auf der Straße stand, sagte sie plötzlich: „Es ist gut. Wir können jetzt weiterfahren." Ich war, offen gesagt, ziemlich ungehalten. „Also bitte schön, das ist doch . . ." Aber genug davon. Wir fuhren weiter, kamen auf die Hauptstraße und nahmen an dem Empfang beim König teil.

Gegen halb zehn Uhr kamen wir zurück. Ich ging zuerst ins Haus und fragte die Krankenschwester: „Sagen Sie mir, was geschah hier um zehn Minuten nach sieben Uhr?" Sie wurde knallrot. „Ja, Herr Professor, ich habe doch das Geschirr abgewaschen. Da hörte ich plötzlich das Trippeln kleiner Füße über mir. Ich raste die Treppe hinauf und fand das Mädchen, wie es gerade dabei war, das Baby, das es an den Füßen aus dem Bett gezerrt hatte, zur Treppe zu ziehen. Clive war dabei ziemlich hart auf den Boden aufgeschlagen. Die Kleine wollte ihn an den Beinen die Treppe hinunterzerren, um der Familie zu zeigen, wie gut sie auf ihn aufpasse. Es war zehn Minuten nach sieben Uhr, als ich das gerade noch verhindern konnte." Unser Sohn war damals weniger als 14 Tage alt, also noch sehr klein. Rein technisch hätte er durch Radiowellen nicht mit genügender Stärke senden können, um meine Frau zu erreichen. Außerdem waren wir durch hohe Berge abgeschirmt.

Schon sehr oft wurde festgestellt, daß eine nicht erklärbare Verbindung zwischen Menschen, die sich sehr nahestehen, möglich ist. Man kann sie nicht messen. Aber es besteht wenig Zweifel an ihrer Existenz, auch wenn man sie physiologisch nicht erklären kann. Diese Verbindung ist unabhängig von der geographischen Entfernung. In der Nacht wird man plötzlich wach und weiß, daß etwas geschehen ist. Mein Schwiegervater wurde im ersten Weltkrieg verwundet. Seine Mutter wußte sofort auf die Minute, daß ihm etwas passiert war. Was wußte sie nicht, nur daß irgend etwas geschehen war.

Die Erkenntnis, daß wir nicht alles, was wir wissen, ausschließlich über die Funktion der fünf Sinne und deren Nervensysteme erfahren, ist sehr wichtig. Auch wenn uns über den Mechanismus und die Funktion der fünf Sinne mancherlei bekannt ist, kann man dasselbe über die Wirkungsweise des „sechsten Sinnes" und außersinnlicher Wahrnehmung nicht behaupten. Es wäre aber töricht, die Fakten des „sechsten Sinnes" einfach zu leugnen, weil wir sie noch nicht erklären können.

Ich persönlich verstehe nicht, wie der „sechste Sinn" unabhängig von den F o l g e n d e r E n t f e r n u n g arbeiten kann. Wenn er nach den normalen Gesetzen der Physik arbeitete, müßte er mit zunehmender Entfernung schwächer werden. Er muß also p a - r a n o r m a l sein, denn bei seiner Übertragung scheint die Entfernung keine Rolle zu spielen. Aber lediglich, weil die Fakten schwierig zu verstehen sind, darf man das Phänomen nicht einfach leugnen.

Psychedelische Drogen und der „sechste Sinn"

Ein zweites Beispiel, das das Wesen des „sechsten Sinnes" beleuchtet, ist etwas schwieriger, aber aktuell. Die Zusammenhänge mit dem Streßproblem werden nach einigen Ausführungen deutlich.

Man weiß, daß bei Menschen, die Haschisch, Marihuana oder LSD zu sich nehmen, etwas mit ihrem Nervensystem geschieht, was nicht einfach zu erklären ist. Ehe ich etwas darüber sage, muß ich noch einmal betonen: Einige der Drogen, die ich genannt habe, sind wie scharfe Rasierklingen; sie sind in Händen von guten Chirurgen oft nützlich, aber wenn sie in Hände von Personen geraten, die nur damit herumexperimentieren, können sie sehr gefährlich sein. Genauso ist es mit gewissen psychedelischen Drogen. Ihre Benutzung ohne Kenntnis psychosomatischer Zusammenhänge ist gefährlich.

Ich erinnere mich, als unser ältester Sohn ein paar Monate alt war, hatten wir ein Mädchen, das nicht sehr gut auf ihn aufpaßte. Das Baby hatte irgendwie ein paar Rasierklingen in die Hand bekommen. Es brauchte nur einmal die Hand zu schließen, dann wäre wirklich etwas Schlimmes geschehen. Nun war es meine Aufgabe, diese an sich nützlichen Rasierklingen aus den Händen eines Unbefugten zu entfernen.

So sieht es auch bei gewissen psychedelischen Drogen aus, besonders bei LSD. In den Händen von Befugten kann LSD nützlich sein, aber in den Händen von Menschen, die wenig von den Auswirkungen und Wechselbeziehungen dieser Mittel wissen, sind sie wie Rasierklingen in Händen von Kindern. Ob Haschisch, der schwach psychedelisch ist, irgendwie in der Medizin nützlich sein kann, ist fraglich — genauso wie Nikotin!

Ein Beispiel für die Auswirkungen einiger dieser Drogen haben wir jetzt in Ankara erlebt. Zwanzig Familien von ranghohen Offizieren mußte man nach Amerika zurückschicken, weil ihre Kinder an Haschisch geraten waren. Diese Droge hat die Neigung, Initiative zu lähmen. Menschen, die sich an sie gewöhnt haben, arbeiten oft nur noch wenig oder gar nicht mehr. Wenn man Haschisch zusammen mit LSD, Reserpin oder Amphetamin anwendet, können Halluzinationen selbst dann noch auftreten, auch wenn man überhaupt keine Drogen mehr zu sich genommen hat. Dies nennt man „flashback". Junge Menschen werden durch Haschisch auch „entmotiviert", was zu späteren Katastrophen führen kann.

Ich muß jetzt eine Seite des Drogenproblems beleuchten, die ich bereits ankündigte! Wenn Menschen LSD oder auch Marihuana einnehmen, gehen sie oft in einen Trancezustand über. Sie erleben einen Trip und bekommen „Verbindung" zu einer unsichtbaren Welt. Oft sehen sie, wie sie meinen, „Gott"! Ich glaube, daß es sich hier um ein Surrogat, einen Ersatz für das Echte, Wirkliche handelt. Aber sie machen oft mystische, transzendente Erfahrungen, etwa wie damals die alten Mystiker, die allein in den Bergen ihr Leben in Fasten und Gebet zubrachten. Diese Art der Mystik, die der Mensch bei Einnahme von psychedelischen Drogen erfährt, ist oft äußerlich gesehen der echten religiösen Mystik sehr ähnlich, aber ich glaube, nicht ganz identisch. Denn sie kann auch höllisch und pathologisch (krankhaft) sein. Zwischen diesen beiden Zuständen, der echt religiösen und der „höllischen" Mystik, besteht trotzdem, außer in der Pathologie, eine gewisse Ähnlichkeit.

Es gilt nun, die Begleiterscheinungen des „sechsten Sinnes" ein wenig zu beleuchten, denn er hat sehr viel mit unserer Zerreißprobe und mit der Bewährung in der Zerreißprobe zu tun.

Wir alle kennen Alkoholiker und Drogensüchtige, die man überall in den großen Städten findet, und für die es oft kaum noch Hoffnung auf Befreiung gibt. Solche Alkoholiker und andere hat man mit LSD behandelt, in der Hoffnung, sie von ihrem Alkoholismus zu befreien. Man spricht heute von einem 50prozentigen Erfolg mittels dieser LSD-Behandlung. Der normale Erfolg für die Heilung von Alkoholismus liegt viel tiefer. Dabei gibt es fast immer Rückfälle. Man könnte mit LSD mancherlei erreichen, wenn die Droge nicht so unberechenbar wäre.

Einige Ausschnitte von Tonbändern, die zu Dokumentationszwecken während LSD-Trips aufgenommen wurden, verdeutlichen

dies. Ein „hoffnungsloser", a t h e i s t i -
s c h e r Alkoholiker nahm unter psychia-
trischer Aufsicht 200 Mikrogramm LSD ein.
Eine halbe Stunde, nachdem er es ge-
schluckt hatte, fing er an, folgende auf
Band festgehaltenen Worte zu sprechen: „Ich
befinde mich auf der Schwebe und daher-
treibend in einer anderen Welt. Ich sehe ein
grelles Licht, so hell, daß es mich blendet.
Das Licht hat weder Form noch Gestalt, aber
ich weiß, daß ich im Begriff bin, Gott selber
zu sehen, seine Herrlichkeit, Majestät und
Großartigkeit."

Hier möchte ich das Tonband unterbrechen.
Vor einigen Jahren hatte ich einen guten Studenten in Chicago. Er macht jetzt seine Dok-
torarbeit. Damals lächelte er über mich, weil
ich an Gott glaube. Ich sprach sehr oft über
innere Dinge mit ihm. Eines Tages kam er in
eine Grenzsituation. Seine Mutter stand vor
einer Herzoperation. Er kam zu mir und bat
mich um Rat und Hilfe, weil er völlig ver-
zweifelt war. Ich erzählte ihm von Jesus, von
der Ewigkeit, und daß das Leben in der sicht-
baren Welt nicht alles sei, daß Jesus dem
Tod die Macht genommen hat, um uns zu
erlösen. Obwohl der junge Mann in großer
Not war, lächelte er trotzdem darüber.

Einige Monate später kam er wieder zu mir und entschuldigte sich. Es ist höchst merkwürdig und beachtenswert, wenn sich heutzutage ein Student entschuldigt! Ich fragte ihn, warum er das tat. Seine Antwort: „Ich muß." — „Aber Sie stehen doch unter keinem Zwang. Aus welchem Grund kommen Sie also?" — „Ja", sagte er, „ich habe einen anderen Grund. Ich bin gekommen, um mich zu entschuldigen, weil ich jetzt weiß, daß das, was Sie gesagt haben, Wirklichkeit ist." — „Ich sagte etwas über Gott." — „Ja, über Gott."

Dann erzählte er: „Ich habe vor 14 Tagen LSD eingenommen und dann Marihuana geraucht, und ich habe „Gott" gesehen, so klar, wie Sie ihn sicher auch gesehen haben. Ich habe das gesehen, was Sie aus Jesaja, Kapitel 6, zitiert haben." — Ich traute meinen Ohren kaum, aber es gab keinen Zweifel, daß er das erlebt hatte, wovon er berichtete.

In Kanada, wo Psychiater oft etwas aufgeschlossener sind als manch Europäischer, hat man großangelegte Versuche mit LSD durchgeführt und versuchte damit, den Alkoholikern zu helfen. Wie schon gesagt, ist es sehr schwierig, Alkoholismus zu heilen.

Es gibt einen hohen Prozentsatz an Rückfällen, wenn der Alkoholiker aus der Klinik entlassen wird. Deshalb hat man versucht, LSD anzuwenden, weil es „kognitive" Zustände hervorrufen kann, die dem Alkoholiker Einsicht über seine wirkliche Lage vermitteln und ihn „ummotivieren" könnten. Man war sich der Gefahr des LSD völlig bewußt. Doch wagte man den Versuch, weil sonst nichts half. Das Resultat war, daß 40 Prozent der Patienten, die transzendente Trips erlebten, vom Alkoholismus befreit wurden. Bevor man etwas Definitives behaupten kann, müssen diese Versuche natürlich erweitert und verlängert werden. Ob LSD „besser" als Alkohol ist, ist eine andere Frage!

Lassen wir nochmals einen Patienten über das Erlebnis auf seinem LSD-Trip zu Wort kommen. Es handelt sich um einen chronischen Alkoholiker, der im nüchternen Zustand an nichts Göttliches glaubte: „Die Großartigkeit dieser Erfahrung kann ich kaum in Worte fassen. Sie wusch den ganzen Dreck, die ganze Unreinheit und meine ganze Sünde von meiner Seele. Mir kam es vor, als wäre ich ein neuer Mensch geworden, als wäre ich von neuem geboren. Güte und

Frieden umgaben mich. Worte können das gar nicht wiedergeben."

Man stellt fest, daß Menschen, die diese Art von „sechstem Sinn" während eines Trips erfahren haben, Mühe haben, ihr Erlebnis in Worte zu kleiden, weil unsere Sprache dafür nicht ausreicht.

Doch hören wir weiter: „Ich empfand tiefe Ehrfurcht. Ein Staunen kam über mich, daß mir so etwas widerfahren konnte. Ich sah eine überwältigende Schönheit, die sich im Raum entfaltete. Licht, Farbe, Gesang und Musik. Dann kam eine Einheit der Gemeinschaft, und ich wünschte, an dieser Größe der Schönheit selber teilzunehmen. Ich weinte, nicht Tränen der Bitterkeit, sondern Tränen des Ergriffenseins und der Freude. Die Engel sangen. Ich war in der Ewigkeit."

Ein charakteristisches Merkmal dieser Art sechsten Sinnes besteht darin, daß der „Tripper" s i c h n i c h t m e h r a n d i e Z e i t g e b u n d e n f ü h l t. Man weiß nicht, ob eine Sekunde oder zwanzig Jahre vergangen sind. Dieses merkwürdige Phänomen geht aus obigem Trip hervor und ist von vielen Psychiatern bestätigt worden.

„Recall Syndrome" oder „Flash back"

Der gleiche Student, der sich bei mir entschuldigt hatte, kam eines Tages zu mir und
sagte: „Doc (diese Anrede ist bei uns üb-
lich), ich habe 14 Tage nicht mehr geraucht
und kein LSD mehr genommen. Aber mir
ist während dieser Zeit etwas Merkwürdiges
passiert. Können Sie mir helfen? Wenn ich
abends in die Badewanne gehe, bade ich sehr
heiß. Dann weiß ich auf einmal nicht mehr,
ob eine Minute, eine Woche oder noch mehr
Zeit vergangen ist. Ich habe keine Ahnung."

„Wissen Sie", antwortete ich, „das nennt
man ‚Recall Syndrome' oder auch ‚Flash
back'." Die Trip-Erfahrungen unter dem Einfluß von psychedelischen Drogen wiederho-
len sich jetzt ohne die Gegenwart von Drogen. Sein Hirn hatte durch die Drogen ‚gelernt', in einen transzendenten Zustand hin-
überzuschnappen. Jetzt gelingt es ihm unter
dem S t r e ß der Wärme oder auch unter
j e d e m a n d e r e n S t r e ß , o h n e d i e
H i l f e d e r D r o g e n d i e s z u e r -
r e i c h e n . Andere Anstrengungen, wie
zum Beispiel die des Autofahrens bei Nacht,
wenn man von Scheinwerfern herankom-
mender Autos geblendet wird, können das

gleiche auslösen. Größere Belastungen jeglicher Art können psychedelische Drogenfreunde labil machen, so daß sie in Notlagen leicht halluzinieren können. Es ist schon vorgekommen, daß Studenten, die LSD nehmen und Haschisch rauchen, durch ihre Anstrengung (Streß) während einer Prüfung Trips dieser Art erlebt haben.

Wir stellten also fest, daß das Einnehmen von psychedelischen Drogen dieser Art L a b i l i t ä t d e s C h a r a k t e r s hervorruft und daß die Reaktion auf Streß bei Drogenfreunden Halluzinationen sein kann. Die Grenzen zwischen Wirklichkeit und seelischer Funktion werden fließend, so daß die Person nicht mehr weiß, ob sie in drei oder fünf Dimensionen lebt, was in der heutigen technisierten Welt sehr unangenehm sein kann.

Doch hören wir einen weiteren, sich auf einem Trip befindenden Alkoholiker, der zuvor an nichts glaubte: „Friede, Glück und himmlische Ruhe, mein Herz fließt über von nicht faßbarer Freude. Gott ist ganz in mir. Ich bin heil in Gott. Er hält mich in seinen Armen und offenbart sich mir. Ich lache und sage: Ich habe ihn gefunden, ich habe ihn gefunden nach so vielen Jahren einsamen Wanderns durch das Leben. Ich war allein und ängstlich. Endlich ist Gott mit mir. Die Farben um mich herum werden plötzlich lebendig. Sie glühen. Ich suche purpurnes Glas, ich will die Farbe fühlen. Ich verwechsle die Sinne. Die Rose scheint zu leben, scheint Leben auszustrahlen. Ich bitte um ein Glas Wasser. Es schmeckt wie Nektar. Das Gras fühlt sich wie Samt an. Das Grün der Bäume ist so leuchtend, wie ich es noch nie gesehen habe. Das ist Leben. Ich bin endlich zu Hause."

Halluzinationen ohne psychedelische Drogen

Es gibt verschiedene Drogen, die so, wie oben beschrieben, wirken, zum Beispiel Meskalin, Haschisch, Marihuana, natürlich auch LSD und andere. Aber nicht nur Drogen können das Gehirn für die Welt des „sechsten Sinnes" oder der Halluzinationen aufschließen. Wenn ein Mensch beispielsweise lange fastet[2], kann er etwas Ähnliches erfahren. So erlebten auch die alten Mystiker durch Beten und Fasten[2] Trancezustände. Es ist aber wahrscheinlich, daß die Trancezustände, die von Drogen stammen, mit denen, die durch Fasten und Beten kommen, nicht identisch sind. Denn die Pathologie der beiden Arten von Trance ist verschieden.

Auch rhythmisches Tanzen und Singen können ähnliche Wirkungen hervorrufen. Das haben die alten amerikanischen Indianer verstanden, als sie ihre nächtlichen Tänze mit Trommeln und heiligen Gesängen durchführten. Diese Völker halfen mit gewissen Pilzen, die Meskalin und andere psychedelischen Stoffe enthalten, nach. So waren Fasten und Beten nebst Singen, Tanzen und Genuß der heiligen psychedelischen Pflanzen immer mit religiösen Riten gekoppelt[3]. All das öffnete den menschlichen Geist für die andere Welt des „sechsten Sinnes".

Halluzinationen durch sensorische Entbehrung

Interessante Erfahrungen dazu sammelten die Amerikaner mit ihren Astronauten. Als sich diese vor einigen Jahren für den Weltraum vorbereiteten, wurden sie so von ihrer Umwelt isoliert, wie sie es dann auch in ihrer Kapsel zu erwarten hatten. Nach einiger Zeit der Einsamkeit bekamen sie Halluzinationen. Sie waren nicht mehr imstande, die wissenschaftlichen Versuche durchzuführen. Um sie zu den fünf Sinnen, in die drei Dimensionen unserer Zeit zurückzurufen, mußten andere Kollegen sich telefonisch mit ihnen verbinden und mit ihnen sprechen. Oder man gab ihnen ihr körperliches Gewicht wieder. Danach war die Krise überwunden.

Es besteht kein Zweifel darüber, daß die Propheten der Heiligen Schrift eine zusätzliche Sicht hatten, die uns normalerweise verborgen ist. Es besteht auch darüber kein Zweifel, daß Menschen unter dem Einfluß von psychedelischen Drogen etwas „sehen", was „normale" Menschen nicht sehen. Dieses „Sehen" bewirkt auch zunehmend eine Trennung, ein „Generation Gap" zwischen Jung und Alt. Die Jugend lächelt über die Eltern, wenn diese ihnen den Drogengenuß verbieten. Denn sie haben einen Ersatz gefunden für das echte religiöse Erlebnis. Das trennt die junge Generation mit Drogenerfahrung von der älteren Generation, die keine solche Erfahrung erlebt hat. Deshalb lächelt die junge Drogen-Generation über die ältere „drogenlose" Generation.

Wir älteren modernen Menschen sind der

anderen, jenseitigen Welt gegenüber etwas taub geworden, weil wir nicht mehr wissen, wie wir der Vielzahl von Impulsen aus dieser dreidimensionalen Welt Einhalt gebieten, um die Impulse der anderen, jenseitigen Welt aufnehmen zu können. Unser lautes, streßvolles Leben mit seinem Übermaß an Impulsen durch Radio, Fernsehen, Flugzeug, Telefon und Zeitungen läßt die Signale aus der anderen, jenseitigen Welt nicht mehr zur Dechiffrierung kommen. Es verlangt ungeheure Selbstdisziplin, in die Stille zu gehen, um zu unserem Vater zu beten. Es gehört viel Disziplin dazu, die Tageszeitung beiseite zu legen oder den Fernseher auszuschalten, um in der Bibel zu lesen und darüber nachzudenken. Die meisten von uns finden diese Disziplin nicht, so daß unser Sinn für die unsichtbare Welt verkümmert.

Gerade diese Situation öffnet die Tür für psychedelische Drogen. Ohne Disziplin üben zu müssen, bieten die Drogen übersinnliche Erlebnisse, nach denen der Mensch in dieser materialistischen Kultur gerade heute besonders hungert. Denn die Signale der fünf Sinne aus dieser Welt werden durch die Drogen geschwächt oder deformiert, so daß das Hirn sich automatisch für die Welt des „sechsten Sinnes" öffnet. Der Drogenverbraucher erlebt ohne Selbstdisziplin oder Verzicht eine andere Welt. Doch dabei ist das, was er erlebt, oft so deformiert, daß man von ihm sagt, er sei halluziniert. Denn das Bild, das die verbogenen Nervenimpulse aus dieser und jener Welt vermittelt, kann deformiert sein. Diese Drogenerfahrung nennt man „Instant Mysticism" (Schnell- oder Ersatzmystizismus).

Der Mensch muß alle seine fünf Sinne gebrauchen, wenn er ein normales Leben führen will. Diejenigen, die vom Lande kommen, um in der grauen Großstadt zu leben, bekommen oft einen Heißhunger nach Farbe, nach grünen Wiesen und blauem Ozean. Der Sinn für Farbe ist eben da und will zur Geltung kommen. Als wir im grauen Chicago lebten, hatten wir dort „Hunger" nach dem frischen Grün der Berge und mußten deshalb farbige Schweizer Kalender oft anschauen. Wenn man lange Zeit kein Wienerschnitzel gegessen hat, kommt der Appetit auf Schnitzel zur Geltung! So ist es auch mit dem Sinn für eine andere Welt. Unsere Generation ist in einem Zeitalter des Atheismus und Materialismus, der besonders in naturwissenschaftlichen Kreisen zu finden ist, groß geworden. Es ist Mode, weder an das Jenseitige noch an das Übernatürliche zu glauben. Aber der Mensch hat nicht nur einen angeborenen Hunger nach der Welt der fünf Sinne. Ihn „hungert" in dieser materialistischen Kultur nach dem Jenseitigen, nach der Welt des „sechsten Sinnes". Er entflieht dem heiligen Gott, hat aber nach dem Göttlichen Hunger!

Auch dieser Hunger nach dem Übersinnlichen will gesättigt werden. Gerade deshalb bricht in unserer materialistischen Kultur, wo die Frage nach Gott und seiner Welt ausgestorben sein soll, weil wir scheinbar „aufgeklärt" sind, eine „psychedelische Drogenepidemie" unter der materialistisch erzogenen Jugend aus. Könnte man einen besseren Beweis dafür finden, daß der Mensch nicht nur aus Materie besteht, als die Tatsache seines großen Hungers nach transzendenten Erlebnissen?

Aber durch das Übermaß an sensorischen Impulsen aus den fünf Sinnen haben wir uns der Umwelt, auch der transzendenten Umwelt gegenüber betäubt.

Einige Ursachen und Auswirkungen vom heutigen Streß

Obige Ausführungen bringen uns zu einigen wichtigen Schlüssen: Wenn gewisse Menschen mit dem Leben schlechthin nicht fertig werden, wenn sie sich so vorkommen, als ob sie den Anforderungen der modernen Hetze nicht gerecht werden, greifen sie oft als Flucht zur Alkoholflasche. Die Antwort auf den Streß, mit dem sie nicht fertig werden, ist in vielen Fällen Alkohol.

Viele Arten von Streß bringen Menschen dazu, Alkoholiker zu werden — Sorgen zu Haus, Sorgen in der Familie, Sorgen im Geschäft, finanzielle Sorgen, unbefriedigende, langweilige, sinnlose Arbeit oder auch keine Arbeit bewirken das gleiche. Die Flucht zur Alkoholflasche ist eine Flucht zur Betäubung, denn Alkohol ist ein Anästhetikum. Sie ist natürlich nicht die einzige. Es gibt Flucht zu Barbituraten und Schlaf, Flucht zu den Opiaten usw. Grundsätzlich ist aber die Flucht die gleiche. Ein Teil des Menschen wird überfordert durch Sorgen — oder auch durch Langeweile —, so daß der Mensch als Person nicht ausgeglichen ist und eine Stütze sucht, um seine Leere auszufüllen oder seinen Druck in der Alkoholflasche oder in den Drogen zu betäuben, die ihm die Leere mit dem Nichts (Oblivion) „ausfüllen". Die Flucht in diese Art Drogen ist alt und gut bekannt. Sie ist auch sehr schwierig zu behandeln. S i e i s t d i e F l u c h t i n d i e B e - t ä u b u n g.

Heute gibt es aber eine ganz neue Art von Flucht. Weil diese Flucht so neu ist, verwechseln sie viele Menschen mit den alten Formen der Flucht in Alkohol oder Opiaten. Die neue Flucht wird auch anders ausgelöst als die ältere Art von Flucht. Hier in der neuen Flucht handelt es sich nicht direkt um Sorgen (die modernen Menschen neigen doch dazu, „sorglos" zu sein).

Die neue Flucht rührt eher von einer Überfülle von Impulsen schlechthin her, nicht notwendigerweise von Sorge, von einer Plethora von Meldungen durch die fünf Sinne. Der moderne Mensch wird von seinem hohen Lebensstandard förmlich überschwemmt. In Europa und den USA besitzt er ein Übermaß an materiellen Werten wie Radio, Television, Telefon, Schallplatten, Autos, Motorräder und Maschinen, um ihm bei seiner

Lebensweise behilflich zu sein. Aber alle diese Maschinen liefern ihm Impulse in die fünf Sinne, die dadurch förmlich überschwemmt werden wie noch nie in der menschlichen Geschichte.

Also, die fünf Sinne des modernen Menschen sind wie noch nie besetzt, voll ausgelastet. Aber was ist aus der Tätigkeit des „sechsten Sinnes" geworden, der in der früheren Geschichte des Menschen in Gottesdiensten, Meditationen und Mystizismus stark besetzt war? Der „sechste Sinn" liegt zu einem Großteil total brach beim modernen Menschen. Selbst die Menschen, die am meisten mit dem Übernatürlichen zu tun haben sollen, die Theologen, leugnen heutzutage in vielen Fällen selbst die Existenz des Transzendenten! Das bringt mit sich, daß der „Überstreß" der fünf einem „Unterstreß" des „sechsten Sinnes" gegenübersteht.

Nun, alle Sinne müssen optimal ausgenützt und gebraucht werden, wenn ein Mensch „normal" und „ausgeglichen" leben soll. Unsere fünf Sinne sind aber im modernen Leben hoffnungslos überlastet. Sie sind im permanenten Streßzustand, wogegen in unserer modernen Kultur der „sechste Sinn" prak-

tisch brach liegt. Er ist genauso „hoffnungs-
los unterbelastet", „unterstreßt". In frü-
heren Kulturen pflegte man diesen „sechsten
Sinn" durch Fasten, Meditieren und lange
Perioden des Gebets und der allgemeinen
Enthaltsamkeit, damit man sich gegen die
Gewalt der Impulse der fünf Sinne ausglei-
chen und behaupten konnte. Heute regiert
praktisch allein der Materialismus und die
Welt der fünf Sinne. So ist der moderne
Mensch gegenüber früheren Generationen un-
ausgeglichen, denn eine wichtige Seite seines
Wesens, die Seite, die den Sinn des Lebens
hinter dem rein Materiellen vermittelt, liegt
direkt brach. Ein unausgeglichener Mensch
ist zur gleichen Zeit ein k r a n k e r Mensch.
Daher die Malaise des modernen Menschen
mitten im materiellen Überfluß. Um diese
krankhafte Imbilanz zu korrigieren, sind
vier Auswege möglich, die wir kurz zitieren
müssen:

1. Der moderne Mensch fängt an, sich für
indische und orientalische Religionen zu interessieren, die ihm das bieten, was ihm
fehlt. Er fängt an zu meditieren und sich für
Riten zu interessieren, die das Transzendente realisieren. Überall im Westen be-
obachtet man diesen Trend.

2. Um seine Unausgeglichenheit und seine Malaise los zu werden, betäubt der moderne Mensch alles — beides, die fünf Sinne und den „sechsten", indem er zu Opiaten, zu Alkohol und zu Barbituraten greift. Durch Alkohol, Barbiturate und Opiate werden alle fünf Sinne nebst dem „sechsten Sinn" einfach ausgeschaltet, so daß weder Bilanz noch Imbilanz mehr da ist. Diese radikale Methode, die moderne Malaise zu überwinden, wird bei Timothy Leary und der Drogengeneration heute als „schlechte Technik" bezeichnet. Denn sie ist keineswegs exakt und vernichtet praktisch den ganzen Menschen, der dann keine Freude an irgend etwas hat, sondern das Nichts, „Oblivion", erreicht.

3. Man greift zu stimulierenden Mitteln, die alle Sinne aufpeitschen. Unter dem Einfluß von solchen Mitteln wie Amphetaminen, erlebt man mehr und mehr, beides von den fünf Sinnen und auch vom sechsten her. Denn „Speed" verstärkt nicht nur körperliche Aktivität, sie verstärkt auch das zentrale Nervensystem einschließlich halluzinatorische Fähigkeiten.

4. Man greift zu psychedelischen Drogen

wie LSD, Cannabis, Meskalin usw., die unter Umständen imstande sind, gewisse sensorische Impulse der fünf Sinne zu dämpfen, indem sie Reverie und „introversion" hervorrufen und dabei das Hirn dazu „erziehen", sich für das Psychedelische, Transzendente und Jenseitige des „sechsten Sinnes" zu öffnen. Nachdem die Reverie vorbei ist, werden die fünf Sinne übersensibel und überempfindlich.

So kommen wir also zu dem Schluß, daß der übermäßige Streß des modernen Lebens die fünf Sinne überbeansprucht, dabei aber den „sechsten Sinn" praktisch brach läßt, was zu einer krankhaften Imbilanz des menschlichen Wesens führt. Es ist doch klar, daß, wenn psychedelische Drogen wie LSD und Cannabis dazu führen, den „sechsten Sinn" zu entwickeln, die moderne Gesellschaft, die bezüglich des „sechsten Sinnes" ausgehungert ist, danach greifen wird. Die psychedelische Epidemie von heute wäre also nur zu erwarten.

Das bringt mit sich, daß d i e e i n z i g e v e r n ü n f t i g e M e t h o d e , d i e D r o g e n e p i d e m i e v o n h e u t e z u b e k ä m p f e n , d a r i n b e s t e h t , n i c h t die Drogen durch Polizeimacht zu entziehen, sondern unsere Gesellschaft vom krassen Materialismus zu heilen, der die psychedelische Drogenepidemie ursprünglich auslöste. Die heutigen Universitäten, die den einseitigen wissenschaftlichen Materialismus propagiert haben, tragen viel Verantwortung für die heutige Drogenepidemie.

Dabei ist zu bemerken, daß Materialismus allein die psychedelische Drogenepidemie nicht auslösen kann. Materialismus kombiniert mit materiellem Überfluß und Plethora der Impulse der fünf Sinne bringen psychedelische Epidemie mit sich.

Anmerkung

Der Leser, der mit gewissen theoretischen Aspekten dieses Kapitels Mühe gehabt hat, wird an dieser Stelle freundlich gebeten, die Einleitung, Abschnitt „Weitere Folgen des Stresses", noch einmal gründlich durchzulesen. Das Öffnen des Transzendenten durch Streß und durch psychedelische Drogen ist eine Tatsache (wenn auch eine heikle Tatsache), die nicht einfach geleugnet werden kann. Denn der Körper wurde ursprünglich für beides, die Zeit und für das Transzendente, gebaut. Adam und Eva vor dem Sündenfall sind Beispiele dieser Tatsache. Die Fähigkeit des ersten Menschen, mit Gott im Transzendenten zu leben, während er zur gleichen Zeit ein irdischer Mensch aus „Lehm" war, beweist diese Tatsache. Nur die Sünde nahm dem ersten Menschen diese Fähigkeit.

Nachdem der Herr Jesus die Frage der Sünde gelöst hatte, schenkte er den Menschen diese Fähigkeit wieder. Denn er konnte Fisch und Honig essen nach seiner Auferstehung. Er war kein „Geist", wie die Jünger befürchteten. Doch konnte er trotz verschlossener Türen vor ihren Augen wieder ins Transzendente zurück „schlüpfen", und zwar mit der größten Selbstverständlichkeit. Er besaß diese Fähigkeit, nachdem er die Sünde und die Folgen des Sündenfalls besiegt hatte. Es war ja die Sünde, die den Menschen ursprünglich die gleiche Fähigkeit genommen hatte. Es ist also nur zu erwarten, daß der „letzte Adam" dem „ersten Adam" seine verlorengegangenen Eigenschaften wieder schenken würde.

Die „Arbeit" des auferstandenen Herrn besteht teilweise darin, uns erlösten Menschen einen neuen „Körper" zu bauen, der nicht aus vergänglichem Stoff besteht (vergänglich durch Sünde), sondern der aus „ewigem Stoff" gebaut ist, der die gleichen (oder bessere) Eigenschaften besitzen wird als Adams Leib. Der neue Leib, der so sein wird wie Jesu Auferstehungsleib, wird zur gleichen Zeit materiell wie auch transmateriell sein. Wir werden so sein wie er, denn wir werden ihn sehen, wie er ist.

Es ist also klar, daß die Bibel verbietet, den Schleier zwischen dem Diesseitigen und Jenseitigen durch die Gewalt der Chemie vorzeitig zu lüften.

1 A. E. Wilder-Smith, The Drug Users, H. Shaw, Wheaton 60187, USA, 1969, p. 27—29.
2 A. E. Wilder-Smith, The Drug Users, H. Shaw, Wheaton 60187, USA, 1969, p. 213, 264.
3 A. E. Wilder-Smith, loc. cit. p. 45, 48.

III. Die Folgen der Zerreißprobe

Die Zerreißprobe heute blockiert also unsere fünf Sinne und läßt den „sechsten" brach. In einem Streßzustand werden auch die Welt Gottes und die transzendente Welt oft unwirklich. Das ist eine unausbleibliche Folge der Zerreißprobe.

Eine andere Folge der modernen Zerreißprobe kann Depression, eine schreckliche Desillusionierung, sein. Sie tritt bei den meisten von uns so ab dem 35. oder 40. Lebensjahr ein. In diesem Alter sind wir in erhöhtem Maße einer teilweise physiologisch bedingten Depression ausgesetzt, verursacht durch eine lange Zeit von seelischen und physischen Streßzuständen. Manche Hoffnungen müssen endgültig begraben werden. Man ist kein Millionär, auch nicht Präsident einer Regierung oder etwas Ähnliches geworden. Man muß sich mit der Tatsache abfinden, daß man ein „kleiner Mann" ist und bleiben wird. Ja, daß man sogar noch froh sein muß, wenn man seine Stellung bis zur Pensionierung behalten, seine Familie ernähren und die Kinder recht erziehen kann.

Diese Folge der Zerreißprobe, die Depression, macht uns schlapp, mut- und ziellos. Gibt es einen Ausweg?

Das Beispiel Learys

Viele Menschen sehen den Ausweg nicht im Glauben an Gott, weil sie auf uns, die wir uns Christen nennen, blicken. Wir gehen zur Kirche oder Versammlung, reden von der Quelle der Freude und sprechen vom lebendigen Gott, den aber vielleicht die wenigsten unter uns selber wirklich lebendig erfahren haben. Uneinigkeit herrscht zwischen unseren christlichen Kreisen, und zwischen den verschiedenen christlichen Denominationen gibt es Streit. Das Ganze unterstreichen natürlich noch die Theologen, indem sie behaupten, Gott sei tot.

Da hat es Timothy Leary, der „Messias, Märtyrer und Hohepriester" der Drogenbewegung in den USA, der eine Zeitlang in der Schweiz wohnte, einfach, Leute für sich zu gewinnen und sie zum Drogenkonsum anzuregen. Er braucht nur zu sagen, daß es nirgends überzeugende Christen gibt, daß er weder an der Universität noch irgendwann in seinem Leben glaubwürdige Christen gesehen habe. Sein Wort als Physiologe und Psychiater hat Gewicht, wenn er sagt, daß der Mensch für die Freude gebaut ist. Denn das ist einfach wahr. Oder, wie er sich auch ausdrückt: Der Mensch ist für die Ekstase gebaut. Nun hat aber Ekstase im Deutschen einen etwas anderen Sinn als im Englischen. Leary meint unter Ekstase einfach eine überschäumende, echte, harmlose Freude. Leary behauptet nun, daß er bei den Christen nur lange Gesichter sieht. Er weiß nur von Leuten, die sich gegenseitig das Leben schwer machen und zerstören, obwohl sie sich Christen nennen. Und zu diesen „christlichen" Menschen soll man mit seinen Depressionen gehen, um Rat zu suchen?

„Kommt zu uns", sagt Leary, „da zeige ich euch echt fröhliche Menschen. Bei uns findet ihr Menschen, die in höheren fröhlichen, echt religiösen Sphären leben. Die wahre, praktische Theologie und Religion heißt LSD!" behauptet er.

Es ist ganz offensichtlich, daß unsere heutige organisierte Religion wenig Lebenserfüllung bietet, wie Leary ihr auch richtig vorwirft. Denn das Angebot von ihrer Seite lautet oft: Gott ist tot. Kein Wunder, daß die jungen Menschen nicht mehr auf solch eine Kirche hören wollen. Ich halte die ältere Generation teilweise für schuldig, daß junge Menschen, um Freude am Transzendenten zu bekommen, zu Drogen greifen und damit ganz neue Entdeckungen machen. Sie erkennen plötzlich, daß es eine unsichtbare Wirklichkeit gibt, die ihnen der Wandel vieler Christen nicht zu vermitteln vermag. Ihr praktisch vorgelebtes Christentum hat im entscheidenden Moment versagt. Wir sind schuld daran, wenn die heutige Generation nicht mehr weiß, daß es etwas Herrliches im christlichen Glauben gibt, etwas, das uns nicht schlapp und müde macht, sondern uns reinigt und mit unaussprechlicher Freude erfüllt. Die Bibel ist voll von dieser Freude!

Dr. Timothy Leary sagt, daß er n i e solch eine Freude bei Gläubigen erlebt habe. Wir Christen haben dafür ein schreckliches Urteil zu erwarten. Wir besitzen in unseren Ländern die ganze Bibel und wissen, was der Psalmist sagt: „Zur Rechten Gottes ist Freude immerdar." Und doch gibt es allein in Amerika weit über fünf Millionen Menschen, die sagen, daß sie deshalb zur psychedelischen Droge greifen, weil unsere Kultur ihnen keine Freude mehr biete! Man versteht diese fünf Millionen jungen Menschen auch gut, wenn man sich fragt, was die heutige Kultur an wahrer Freude zu bieten hat.

Es ist also gut zu verstehen, wie schwierig es für junge Leute, die ihre Illusionen mit unserer Kultur verloren haben, ist, den richtigen Weg zu finden. Der christliche Weg sieht so wenig verlockend aus.

Ein trügerischer Ausweg

Die junge Generation probiert also den Weg über die Drogen, weil er vielversprechend zu sein scheint. Die heutige Welt ist für sie zu nüchtern, zu kalt; die Erwachsenen verstehen die jungen Menschen nicht. „Ich habe keine Hoffnung, daß es in der heutigen Kultur je besser wird. Von der heutigen Gesellschaft erwarte ich nichts mehr." Diese Aussage hört man oft. Deshalb greifen viele zu einer halluzinatorischen Welt, zu einer, wie man sagt, transzendenten Welt der Surrogate, in der man sein eigenes Leben führen und der Wirklichkeit entfliehen kann. Das nennt man in Amerika „dropping out". Dort denken und handeln Millionen von jungen Menschen so. Sie arbeiten oft nicht und ziehen einfach planlos durchs Land. „They do their things" (Sie tun ihre Dinge), wie sie sagen, spielen Mundharmonika und Gitarre, lassen sich die Haare wachsen, waschen sich nicht mehr und geben zu verstehen: „Mit euch wollen wir nichts mehr zu tun haben, ihr seid Heuchler." Und wir müssen ihnen oft recht geben, wenn wir wirklich keine Heuchler sein wollen!

Wir haben bereits gesehen, daß die Art und Weise, wie psychedelische Drogen auf Menschen einwirken, dem Wesen der biblischen und anderen religiösen Visionen oft ähnlich sein kann. Selbst der Teufel kann sich in einen Engel des Lichtes verwandeln und mit großer Genauigkeit auch göttliche Dinge nachahmen. Den Trancezustand eines Drogenmystikers k a n n m a n äußerlich gesehen oft schwerlich von dem eines „normalen" Heiligen unterscheiden. Wenn man aber auf eine von Gott verbotene Weise durch Drogen den „sechsten Sinn" erschließen will, spürt man hinterher wenig vom Elan des Geistes!

Psychedelische Drogen und die ältere Generation

Wenn Menschen der älteren Generation, denen psychedelische Drogen neu oder praktisch in ihrer Wirkungsweise unbekannt sind, hören, daß die Drogenerfahrung mit diesen Stoffen mystische Erlebnisse vermitteln kann, werfen sie oft die Hände in die Luft vor Entsetzen. Wie kann man auf solche gotteslästerliche Gedanken kommen! Ich kenne manche Leute, die diese Tatsache (daß psychedelische Drogen die transzendente Welt erschließen können) mit Entrüstung einfach glatt ablehnen.

Die Tatsache, womit die ältere Generation allmählich fertig werden muß, ist, daß psychedelische Drogen in der Tat die mystischen Fähigkeiten des Menschen fördern können. Ist diese Tatsache so schlimm, daß ältere Menschen sie einfach ablehnen wollen? Diese Menschen scheinen davon überzeugt zu sein, daß, wenn sie die Tatsache der mystischen Wirkung der halluzinatorischen Stoffe stehen lassen, sie ihren christlichen Glauben zunichte machen werden. Denn sie reagieren, wenn sie die neuen Tatsachen der psychedelischen Drogen hören, als ob sie gotteslästerlich wären.

Dazu ist zu sagen, daß, wenn i r g e n d -
e i n e T a t s a c h e m e i n e n G l a u b e n
b e d r o h t o d e r g a r v e r n i c h t e t ,
d a n n e n t p u p p t s i c h m e i n G l a u -
b e a u t o m a t i s c h a l s A b e r g l a u -
b e !

Laßt uns diese Tatsache etwas näher anschauen. Es gibt Medizinmänner, die lange
Meditationen, Fasten- und Ritenübungen
durchführen, um in die Nähe ihres „Gottes"
vorzudringen. In ihren Meditationen dämpfen sie die Impulse der fünf Sinne und öffnen sich auf diese Weise für die Impulse,
die vom „sechsten Sinn" herrühren. Rein
pharmakologisch-physiologisch gesehen ist
also der Mechanismus ihres Vorgehens, um
zu ihren „Offenbarungen" zu gelangen, ver-
ständlich.

Auf der anderen Seite, wenn der Christ eine
besonders wichtige „Unterredung" mit seinem himmlischen Vater haben will, geht er
in sein Kämmerlein, schließt die Tür und
betet in der Stille, um sich von Jesus Christus
erfüllen zu lassen. Es kann auch sein, daß
er als Hilfe ein schönes Lied singt, oder aus
Gottes Wort liest, oder daß er eine Zeitlang fastet. Auf diese Art und Weise dämpft

der Christ die Impulse der fünf Sinne und erschließt sich denen des „sechsten Sinnes".

Es wird dem Leser aufgefallen sein, daß der M e c h a n i s m u s zur Erschließung des „sechsten Sinnes" und Dämpfung der fünf Sinne im Falle des Christen wie auch im Falle des Medizinmannes sich als der identische erweist — oder zumindest als sehr ähnlich! Nun, das bedeutet, daß beide Männer, der Christ und der Medizinmann, die identische transzendente Welt durch ihren ähnlichen Mechanismus erreichen. Aber, wenn wir die diesbezüglichen Aussagen der Bibel ernstnehmen, gibt es auch in der transzendenten Welt zweierlei: gute und auch böse Kräfte. So kommt es, daß beide Männer die gleiche transzendente Welt durch einen ähnlichen Mechanismus erreichen. Aber der Christ erreicht die Verbindung mit dem Vater, und der Medizinmann erreicht vielleicht etwas anders in der gleichen transzendenten Welt. Der Weg, der Mechanismus (Dämpfung der fünf Sinne und Erschließung des „Sechsten") bleibt aber gleich.

Man muß ständig die Tatsache vor Augen halten, daß eine Droge nie eine neue Reaktion im Körper auslöst. Sie stärkt oder schwächt eine schon bestehende, die an sich weder böse noch gut ist. So kann der Mensch, sei er Christ oder sei er Medizinmann, den Weg ins Transzendente auch ohne Drogen finden. Beide können stille werden, gewisse Tanzübungen durchführen und singen, fasten oder beten und meditieren. Beide können dadurch den Weg ins Transzendente finden und beide können entweder Gott oder den Teufel dort erfahren. E i n g u t e r, g e r e c h t e r M a n n , d e r d e n W e g d e r B u ß e u n d B e k e h r u n g d u r c h d e n S o h n G o t t e s k e n n t , w i r d d u r c h S t i l l e s e i n n a c h d e m W o r t d e r B i b e l d e n V a t e r u n - s e r e s H e r r n J e s u s d u r c h d i e - s e n M e c h a n i s m u s f i n d e n . E i n b ö s e r w i r d d a s T r a n s z e n d e n t e a u c h s o f i n d e n , a b e r n i c h t d e n V a t e r d e s L i c h t e s.

Diese Tatsache bringt folgendes mit sich: Ein Mensch, der seinen Frieden mit Gott dem Vater durch Buße, Selbsterkenntnis und Sündenvergebung durch Christus nicht ge- funden hat, kann durch psychedelische Dro- gen sozusagen unvorbereitet ins Transzen- dente kommen. Er fällt, sozusagen mit der

Tür ins transzendente Haus, ohne die nötige Vorbereitung und Reinigung zu treffen, die fürs Transzendente unbedingt erforderlich sind.

Wenn dies der Fall ist, kann man den Rat über gewisse Drogen, den die Bibel gibt, gut verstehen. Denn sie verbietet den Menschen streng, „Zauberei durch Drogen" zu praktizieren, d. h. Menschen in einen Trancezustand durch Drogen zu bringen. Sie weist darauf hin, daß die Menschen diese Kunst besonders in den letzten Tagen vor dem Kommen des Herrn tun werden (vgl. Gal. 5, 19—22).

Der Drogenmechanismus, um in die transzendente Welt einzudringen, ist an sich neutral als Methode, genauso wie Fasten, Beten und Singen als Methoden neutral sind, um das gleiche zu bewirken. Das, was verwerflich ist, ist, daß man psychedelische Drogen verwendet, um unbußfertigen, unvorbereiteten Menschen den Weg ins Transzendente zu ermöglichen. Denn in diesem unvorbereiteten Zustand kann nur Unheil herausschauen. Fasten, Beten und Meditieren werden in dieser Sicht als Mechanismen kaum so verwerflich sein wie

Drogen, denn Fasten, Beten usw. bringen Entbehrung und Selbstdisziplin mit sich, was an sich eine positive Wirkung auf die Psyche hat. Psychedelische Drogen bieten auf der anderen Seite den Menschen das Transzendente ohne jegliche Schranke an, was eine ganz andere und gefährliche Angelegenheit darstellt.

Der Konsum von psychedelischen Drogen führt oft zur Dekadenz (Verfall) des Charakters. Im psychedelischen Rausch werden die Gedanken oft wirr, die Ausdrucksweise unverständlich. Die Drogenkonsumenten leben in höheren Sphären, was ihnen aber nicht hilft, klar zu denken. Sie gehen oft keiner geregelten Arbeit mehr nach. D a r a n k ö n n e n w i r e r k e n n e n , d a ß d i e s e A r t , d e n „s e c h s t e n S i n n" zu g e b r a u c h e n , w i r k l i c h n u r e i n S u r r o g a t i s t . Viele Menschen, die so dahinleben, sind richtiggehend gesellschaftsunfähig geworden. Dabei gibt es darunter so viele prächtige junge Leute, die nach echter, religiöser Anleitung suchen! Ich kenne in Chicago viele von ihnen. Sie kommen zu mir, weil sie meinen, daß ich sie verstehe, was auch meinem Wunsch entspricht.

Die Methode, durch Drogen aus der Depression und Desillusionierung dieses Zeitalters herauszukommen, hat sich als ein trügerischer Ausweg erwiesen.

Ein gangbarer Weg

Eine andere Methode, das Transzendente zu aktivieren, ist der vorigen ähnlich und doch grundverschieden. Anstatt zu Ersatzmitteln zu greifen, wenn das Leben nicht mehr lebenswert erscheint, geht man zu Jesus Christus, zur Quelle des Lebens, um das Problem der persönlichen Sünde regeln zu lassen. Sein Angebot: „Ich werde zu euch kommen und das Abendmahl mit euch feiern", übertrifft jede menschliche Form der Gemeinschaft. Aber man muß dafür Zeit finden und die Stille suchen und zur Erkenntnis der eigenen Sünde kommen.

Der menschliche Geist verkraftet das Erleben mit Jesus Christus mit den gleichen physiologischen Organen, mit denen er die anderen Erfahrungen aufnimmt. Wenn ich versuche, mit Gott durch Jesus Christus Verbindung aufzunehmen, aber äußerlich nie zur Ruhe komme, bleibe ich auch Gott gegenüber betäubt. Jesus hat gesagt: „Wenn du mit deinem Vater sprechen willst, gehe in dein Kämmerlein und schließe die Tür zu und rede mit deinem Vater, der in das Verborgene sieht."

Wir müssen uns fragen: Habe ich das heute getan, oder war der ganze Tag erfüllt vom Lärm und damit eine einzige Zerreißprobe? Jeder Mensch muß Zerreißproben aushalten können. Man soll arbeiten, bis man nicht mehr arbeiten kann, aber nicht ununterbrochen. So regelmäßig, wie man Nahrung zu sich nimmt, soll man auch in der Bibel lesen und beten, um zu wissen, wie Gott unser Leben gestalten will. Im Gebet kann ich mit Gott reden und Gott mit mir. Wenn wir die Zeit und Disziplin dazu nicht finden, wird Gott für uns praktisch tot sein.

Hier liegt wohl auch der Grund, warum Gott oft für die heutige Theologie und den heutigen Menschen schlechthin tot ist. Wir stehen so sehr in Betriebsamkeit, Politik und sozialer Tätigkeit, daß wir die leise Stimme Gottes nicht mehr hören können. Gott benutzt keinen Verstärker, wenn er mit uns redet. Er erwartet, daß wir still zuhören. Wenn wir wollen, können wir ihn hören. Doch müssen wir dazu die anderen wegschicken und in

die Stille gehen. Die Schrift sagt: Suchet, so
werdet ihr finden; klopfet an, so wird euch
aufgetan. Aber wenn man dazu nicht bereit ist, wird man diese Erfahrung nicht
machen.

Ich möchte dafür ein Beispiel anführen. Der
Prophet Elia war in der Zerreißprobe (vgl.
1. Kön. 19, 1–13). Dreieinhalb Jahre hatte er
sich versteckt. Dreieinhalb Jahre hatte er
durch Gebet den Regen im Land aufgehal-
ten. Dann zeigte er sich dem König Ahab.
Ahab und die Propheten Baals wurden auf
den Berg Karmel eingeladen, wo sie und
Elia ihre Opfer schlachteten. Die Propheten
hüpften den ganzen Tag um den Altar herum und beteten zu ihren Baalsgöttern. Aber
sie konnten kein Feuer herbeizaubern. Am
Abend sprach Elia ein ganz einfaches Gebet.
Da fiel das Feuer des Herrn vom Himmel
und verzehrte das Opfer. Danach tötete Elia
die Propheten des Baal. Das Ganze war für
ihn eine ungeheure Zerreißprobe.

Als Isebel, die Frau des Ahab, hörte, was
Elia getan hatte, bedrohte und verfolgte sie
ihn. Obwohl er vor den Propheten Baals
keine Angst gezeigt hatte, fürchtete er sich
vor dieser Frau und flüchtete nach Beerseba.

Dort ließ er seinen Diener zurück, ging in die Wüste und legte sich schlafen.

Elia war von der Zerreißprobe auf dem Berg Karmel erschöpft. 40 Tage lang speiste ihn Gott in der Wüste. Dann ging er zum Berg Horeb und lebte dort in einer Höhle. Eine Zerreißprobe nach der anderen mußte er dort bestehen. Zuerst erhob sich ein Sturm, der Felsen zersplitterte, dann folgte ein Erdbeben. (Wer in der Türkei lebt, weiß, wie furchtbar es ist, wenn die Erde bebt). Aber in beiden war der Herr nicht zu vernehmen. Plötzlich bemerkte Elia ein stilles, leises Wehen. Er verhüllte sein Angesicht und trat an den Eingang der Höhle. Die Zerreißprobe war vorüber. Jetzt kam er in die Stille, und Gott redete ihn an: „Was tust du hier?" Elia sagte: „Ich habe um dich geeifert, Herr (das heißt, ich war im Streßzustand für dich), deshalb geht es mir schlecht." Und Gott antwortete ihm in der Stille: „Gehe du zurück und tue deine Arbeit."

Laßt uns nach der Zerreißprobe ein wenig verschnaufen, damit wir das gleiche leise Wehen hören, um so zu erfahren, was Gott von uns haben will. Wenn wir ständig nur auf das sehen, was wir für ihn getan haben oder was in dieser Welt geschieht, in der heutigen Politik, in der Kriminalität, werden unsere Seelen dadurch verkümmern. Die Sorgen dieser Welt betäuben uns. Man wird richtig verhärmt, es sei denn, daß man Zeit hat, die Tür zu schließen und zu sagen: Ich will meinen Vater sprechen. Wenn wir immer nur die Sorgen vor uns haben, können wir uns nicht mehr auf Gottes Stimme konzentrieren. Die Sicht für das Ewige ist vorbei.

Ein Gleichnis Jesu unterstreicht das Gesagte: Das Wort Gottes wird auf den Weg gesät. Man liest die Bibel, das heißt, man sät das Wort ins eigene Herz. Aber wenn unsere Seele einer Straße gleicht, über die pausenlos der Verkehr rollt, Auto an Auto, können wir da erwarten, daß Saat aufgeht? Wenn man auf die Hauptstraße sät, gibt es keine Ernte. Genauso verhält es sich in diesem verhetzten Zeitalter mit unserem Herzen. Mein Herz ist, wenn ich nicht aufpasse, wie eine Straße, auf der endloser Verkehr rollt. Da auf ihr keine Saat aufgehen kann, bleibt das Leben kahl.

Jesus sagt in dem Gleichnis weiter: Wenn

etwas Saat aufgeht, kommen die Disteln und ersticken alles. Haben wir jemals das Gefühl des Erstickens gehabt? Es gibt so viele Dinge zu erledigen, daß man nicht mehr weiß, wo man anfangen soll. Ich habe zum Beispiel in der letzten Woche drei Verpflichtungen gleichzeitig gehabt: Vorlesungen an der Universität, Vorlesungen bei den Amerikanern und dringende familiäre Angelegenheiten. Man wird förmlich erstickt, als ob die Disteln überhandnehmen.

Die Pflanzen brauchen, um Frucht zu bringen, nicht nur Luft, sondern auch Sonne. Die Sonne, die u n s leuchtet, ist unser Herr Jesus Christus. Was ihn von mir abhält, sind die Disteln, die Sorgen, all die Dinge, die mich zermürben.

Die Saat braucht aber auch Regen. In Ankara fängt die Regenzeit im Spätherbst an. Von Juli an gibt es keinen Tropfen Regen mehr. Die Bauern dreschen in aller Ruhe auf freiem Feld ihr Getreide und benötigen keine Scheunen. Sie fürchten keinen Regen und decken nachts nichts zu. Die Sonne scheint täglich von morgens bis abends. Wenn Pflanzen wachsen sollen, müssen sie es vor der Trockenperiode tun. Während dieser Zeit verdorrt alles, denn der Boden wird wie trockener Sand. Solange Sonne und Regen sich abwechseln, gedeiht alles.

Nicht anders verhält es sich beim Christen. Er braucht die Sonne, den Herrn Jesus Christus, aber auch die Regentage, damit der Boden seines Herzens fruchtbar und weich wird. Die Schrift spricht vom Tau des Heiligen Geistes, was in unserem Beispiel dem Regen entspricht.

Ich kann Gott nicht als Gott v e r s t e h e n , nicht als bloßen, ewigen Geist, auch nicht durch den „sechsten Sinn". Aber wenn Gott vor mir steht in d e r G e s t a l t d e s M e n s c h e n Jesus Christus, geht mir der V e r s t a n d auf. Die Gestalt eines Menschen kann ich dechiffrieren. Ich weiß, daß er wie ein Mensch gelitten, gedacht und daß er die Brücke zwischen den Menschen und Gott geschlagen hat. Er hat meine Sünden am Kreuz bezahlt. Wenn ich das erfahre, wenn die Bedeutung dieses Wortes in meinem Herzen aufgeht, dann bin ich glücklich, dann entsteht für mich eine klare, gesunde Vorstellung des ewigen Gottes.

In Psalm 16 hören wir den Jubel eines Menschen, der Gott s o erfahren hat: „Jehova werde ich preisen, der mich beraten hat;

selbst des Nachts weisen mich meine Nieren (= Innerstes). Ich habe Jehova stets vor mich gestellt; weil er zu meiner Rechten ist, werde ich nicht wanken. Darum freut sich mein Herz und frohlockt meine Seele . . . Du wirst mir kundtun den Weg des Lebens; Fülle und Freude ist vor deinem Angesicht, Lieblichkeiten zu deiner Rechten immerdar."
„Wer mich gesehen hat, der hat auch den Vater gesehen!"

Neuanfang auf dem Nullpunkt

Wie sieht nun dieser gangbare Weg konkret aus? Kommen wir zurück auf die Situation der Jünger nach dem Tod Jesu. Sie waren sehr deprimiert, weil sie gehofft hatten, Jesus würde Israel politisch befreien. Nun war er tot. Bekanntlich kommen die Toten nicht zurück, und die Hoffnung, daß Jesus leben und König sein würde, war total zerstört. Ihr Lebensinhalt war ihnen geraubt, ihr Leben damit sinnlos, ohne jede Hoffnung.

Wenn Menschen auf dem Nullpunkt sind, dann greift Gott ein. Erst wenn wir eingesehen haben, daß wir uns selbst nicht helfen können, hilft er uns. Er weiß, daß wir, wenn wir noch nicht ganz am Ende sind, sofort, wenn es uns besser geht, sagen: „Ich habe das und das getan, und das hat mir geholfen." Und schon ist vergessen, daß Gott seine Hilfe geschenkt hat.

So wartet Gott praktisch immer, bis wir durch Streß völlig auf dem Nullpunkt sind. Ebenso ging es den Aposteln, die ohne Hoffnung auf der Straße nach Emmaus dahinzogen. Dann begegnete ihnen Jesus. An diesem Punkt unterscheidet sich die christliche Lehre von allen anderen Religionen. Das Heil des Christen ist Gnade, ist ein Geschenk für die, die sich selber nicht mehr helfen können.

Die Mohammedaner, unter denen ich jetzt lebe, sind sehr liebenswerte Menschen. Aber sie sind überzeugt, daß sie es selber schaffen, selber das Heil zu erlangen, indem sie fünfmal am Tag in Richtung Mekka zu Boden fallen und beten, gute Werke tun und Gäste aufnehmen. Sie glauben, daß Gäste eine Gabe Allahs sind. Ich bin von gastfreundlichen Mohammedanern mit Gastfreundschaft nahezu überschüttet worden. Einer meiner Bekannten mußte hintereinander 40 Tassen Tee hinunterschütten, weil seine

Gastgeber ganz sicher gehen wollten, den Gast Allahs gut bewirtet zu haben! Sie meinen es gut und sind zutiefst gekränkt, wenn man ihre Gastfreundschaft nicht annimmt.

Christus ist dagegen für diejenigen da, die wissen, daß sie sich selbst nicht helfen können und daß die einzige Möglichkeit für sie darin besteht, das Geschenk des Erlösers anzunehmen. Alle anderen mühen sich ab und schaffen es doch nicht. Sie versuchen oft ein ganzes Leben lang, selbst das Heil zu erlangen und sind, auch wenn sie sich Christen nennen, praktisch den Mohammedanern ähnlich.

Wenn man wirklich auf dem Nullpunkt ist, greift Jesus ein. Erst dann ist der Boden des menschlichen Herzens empfänglich für ihn. Als er nach der Kreuzigung den Jüngern erschien, war er nicht untätig. Zuerst hörte er zu, dann redete er zu ihnen, und was er sagte, ist auch für uns interessant. „Wartet auf die Verheißung Gottes, die euch versprochen worden ist." Damit war die Ausgießung des Heiligen Geistes gemeint. Auf diese Verheißung (Apg. 1, 4. 5. 8) brauchen wir heute nicht mehr zu warten. Sie ist schon erfüllt und gilt auch für uns.

Jesus sagt aber auch zu uns heute, daß wir aus der Unrast in die Stille gehen sollen, nicht ewig herumreisen, sondern in „Jerusalem", in Gebetsgemeinschaften mit Gleichgesinnten gehorsam auf die Kraft warten, die uns befähigt, seine Zeugen bis an das Ende der Welt zu sein (Apg. 1, 8).

Wir können den für unseren Dienst so notwendigen Geist Gottes empfangen, wenn wir beten und die Heilige Schrift in der Stille lesen und ihr gehorchen. Er gibt seinen Geist denen, die ihm gehorchen.

Erst wenn wir auf dem Nullpunkt angelangt sind und nichts mehr haben, keine Kraft, keinen Mut, gerade dann beschenkt uns Gott mit reichen Gaben. Wir kennen alle Johannes 3, 16: „Denn so sehr hat Gott die Welt geliebt, daß er seinen einzigen Sohn gab, damit jeder, der an ihn glaubt, nicht verlorengehe, sondern das ewige Leben habe."

Der Mohammedaner lernt, daß er arbeiten muß, um das Heil zu erlangen. Der Mensch, der Christus sucht und ihm in der Zerreißprobe und der Depression begegnet, vernimmt etwas grundsätzlich anderes. Er hört, daß er eine Gabe annehmen darf, nichts weiter, nur annehmen. Nun sind viele Menschen zu stolz, um Geschenke anzunehmen. Doch wenn man Christ sein will, ist dies der erste Schritt. Der Stolz muß abgelegt werden! Man darf sich in Demut von Gott beschenken lassen. Denn erstens meint es Gott gut mit uns, zweitens brauchen wir diese Gabe, und drittens hat sie Jesus Christus durch das Vergießen seines Blutes am Kreuz teuer für uns erkauft. Diese Gabe abweisen heißt: Jesus Christus abweisen.

Wer in die Stille geht, auf Gott hört und seine Gabe dankbar annimmt, merkt, daß die Verbindung mit dem lebendigen Gott hergestellt wird. Er lernt aus der Quelle des Lebens zu schöpfen, er wächst im Glauben, in der Erfahrung mit Gott. Aber damit die Verbindung mit Gott weiter bestehen bleibt, müssen wir auch etwas tun. Dazu gehört, daß wir offen und gehorsam sind, und alles ablegen, was uns von ihm trennt. Das Gespräch mit dem Herrn kann in der Kirche, im stillen Kämmerlein, im Wald oder auf dem Berg stattfinden, überall dort, wo wir den Lärm der Welt hinter uns lassen können.

Das ist aber nicht alles. Zu der Gabe des ewigen Lebens kommt die Gabe des Heiligen Geistes, die uns befähigt, Gott zu dienen und für ihn zu zeugen. Beide Gaben können wir gleichzeitig erhalten. Doch läßt sich Gott nicht in ein Schema pressen. In Apostelgeschichte 2, 46 und 47 lesen wir, wie sich die Gabe Gottes sofort auswirkt: „Und täglich verharrten sie einmütig im Tempel, und sie brachen das Brot abwechselnd von Haus zu Haus und nahmen die Speise zu sich mit Freude und in Lauterkeit des Herzens, lobten Gott und hatten Anerkennung bei dem ganzen Volk."

Nun muß jeder selbst beurteilen, ob Leary und seine Leute recht haben oder die Bibel und diejenigen, die erlebt haben, was das Wort Gottes sagt. Natürlich kann ich nicht auf Befehl fröhlich sein. Ich kann aber diese ansteckende, große Freude nur so empfangen wie auch die anderen Gaben Gottes: durch den Glauben, indem ich bete: „Bitte, Herr, ich brauche Leben, ich brauche deinen Geist, ich brauche Vergebung meiner Sünden."

Wenn ich das tue, handelt Gott und beschenkt mich mit Freude, die sogar im Leid wirksam wird. Das klingt paradox, und doch stimmt es. Der christliche Glaube besteht oft in Gegensätzlichkeiten. Im Leid kann man dennoch tief innerlich eine große Freude haben; auch in tiefem Leid kann man Gottes Willen erkennen und deshalb ganz ruhig bleiben. Diese Dialektik, diese Gegensätzlichkeit, besteht. Das haben die Jünger erfahren.

Ein erschreckender Vorwurf der heutigen Generation ist, daß die Freude vieler Christen weitgehend der Gesetzlichkeit gewichen ist. Wenn wir echte Christen sind, sind wir dankbar für die Gabe Gottes und nicht gesetzlich. Haben wir die Gabe Gottes in Jesus, die Vergebung der Sünden empfangen, dann wird das auch in unseren Lebensäußerungen sichtbar.

Ich meine nicht, daß man in einer ekstatischen, ungesunden Art und Weise in Halleluja-Rufe ausbrechen soll. Das stört oft nur und kann andere abstoßen. Aber ein Mensch, der Jesus wirklich erfahren hat, strömt über vor Freude und Dankbarkeit. Das Halleluja kommt aus einem dankbaren Herzen. Es gibt Gutes und Falsches, auch auf dem Gebiet der Freude. Es gibt aufgeputschte Freude und echte Freude. Wie schon gesagt, der Teufel kopiert alles. Laßt uns dafür sorgen, daß die echte Gabe Gottes in uns ist.

IV. Ein persönliches Zeugnis

Das Bestehen in der Zerreißprobe des Lebens möchte ich uns an einem praktischen Beispiel verdeutlichen. Ich werde hier etwas ganz Persönliches zur Sprache bringen. Ich weiß, daß man besser nicht zuviel von sich selbst sagt, aber ein Zeugnis ist vielleicht erlaubt.

Als junger Student kam ich einmal auf den Nullpunkt. Ich glaubte überhaupt nichts mehr. Meine Mutter war gläubig, mein Vater nicht. Als ich an die Universität Oxford kam, sagte man mir, daß der christliche Glaube, der auf die Bibel gegründet ist, Illusion sei, denn die Bibel selber sei unglaubwürdig. Sie spreche von der Entstehung der Welt und der Menschen auf eine Art und Weise, die wissenschaftlich unhaltbar sei. Praktisch alles, was sie auf wissenschaftlichem Gebiet lehrt, sei wissenschaftlich unhaltbar. Kein Schöpfer habe das Universum und das Leben jemals gemacht. Man wisse heute, daß dies nicht der Fall sein könne. Die Welt sei während Millionen von Jahren allein durch reinen Zufall entstanden. So lehrt man auch heute noch in fast allen Hochschulen und Schulen der Schweiz, Amerikas, Rußlands, Chinas, Deutschlands und vieler anderer Länder.

Da begann ich, die Konsequenzen zu ziehen, und sagte mir: Wenn es keinen Schöpfer gibt und alles durch Zufall entstanden ist, dann sind unsere Gesetze auch zufällig, auch die moralischen. Sie sind alle nur menschliche Erfindungen, und ich kann deshalb leben, wie es mir paßt. So wurde ich Atheist und Nihilist. Die Desillusionierung war groß.

Eines Tages nun kam ein General der anglo-indischen Armee und hielt Evangelisationsvorträge in unserer Stadt. Meine Mutter ging hin und wurde gestärkt und erquickt. Eine Tante und eine meiner Cousinen bekehrten sich. Nun wurde es für mich etwas ungemütlich, weil ich auch mitgehen sollte. Aber ich gab zur Antwort: „Ein Student von Oxford in einem Evangelisationszelt? Das gibt es nicht! Da mache ich nicht mit!" Und ich ging nicht hin.

Nun will ich zu einem bestimmten Punkt kommen, der zu den Voraussetzungen der Bewährung in der Zerreißprobe gehört. Aber dazu muß ich die näheren Umstände schildern. Als die Evangelisation vorbei war, lud mich der General zum Tee ein. Ein Engländer darf eine Einladung zu einer Tasse Tee nicht leichtfertig ablehnen, das schickt sich nicht! Das wußten er und ich genau. Also ging ich hin. Nachdem ich mit dem General, seiner Frau und seinen Kindern Tee getrunken hatte — sie waren alle sehr nett zu mir —, nahm er mich in sein Studierzimmer. Ich wußte, was nun kommen würde. Aber ich sagte mir: „Dem bin ich schon gewachsen, das ist ja nur ein Offizier, und die Leute vom Militär sind ohnehin nicht sehr intelligent!" Man weiß ja, wie Studenten oft sind. Heute noch bereue ich es sehr, daß ich das den General ganz ungeniert wissen ließ.

Aber er imponierte mir durch seine Haltung. Er blieb ganz ruhig und behielt die Fassung trotz meiner Frechheit. An seiner Stelle wäre ich vor Empörung geplatzt, aber er hatte sich vollkommen in der Gewalt. Und dann fing er natürlich — ich wußte, daß es so kommen mußte — mit der Bibel an. Ich sagte ihm, das sei doch alles Kinderglaube und ein Beweis dafür, daß es dem an Intelligenz mangelt, der daran glaubt! Als Beispiel wählte ich das 1. Buch Mose und diskutierte darüber mit dem geduldigen alten General, der im Grunde eine beeindruckende Persönlichkeit war. Ich ging also als 22jähriger Student auf den Mann los, indem ich ihm vorhielt, der Genesisbericht sei Unsinn!

Das tut mir heute noch sehr leid. Er blieb lebenslang mein Freund und ist erst vor kurzem in hohem Alter gestorben. Doch damals hatte ich ihn bezüglich des Genesisberichtes letzten Endes so in die Enge getrieben, daß er kein Wort mehr sagen konnte. Er konnte auch nicht mit mir beten, wie er es — ich merkte es genau — im Sinn hatte. Ich kam also gut weg, ging aus dem Haus und stieg triumphierend in das Auto meines Vaters, das ich draußen geparkt hatte. In diesem Moment fand ich die Welt wunderbar.

Wie ich später erfuhr, hat seine ganze Familie nach meinem Weggang gebetet, obwohl die Frau des Generals meinte, ich sei ein hoffnungsloser Fall, zudem unhöflich und eingebildet. Sie hatte recht. Vierzehn Tage vergingen. Da erhielt ich von ihm wieder eine Einladung. Ich sagte: „Selbstverständlich können wir, wenn Sie es wünschen, nochmals auf Ihrem schönen Rasen an der Themse sitzen und diskutieren." Was ich aber nicht wußte, war, daß er gebetet hatte, bis er die Gewißheit bekam, mich zu einem lebendigen Glauben an Jesus Christus führen zu sollen. Der General stützte sich auf die Verheißung, daß, wenn wir etwas bitten nach Gottes Willen, er uns hört. Und es ist doch Gottes Wille, daß allen Menschen geholfen werde. Also gehörte zu diesen „allen Menschen" auch ich. Die ganze Familie hatte gebetet, und sie luden mich erst ein, als sie gewiß waren, daß der Herr sie erhört hatte.

Da kam ich also siegesgewiß herein, als ein gewichtiger Mann, der mit dem General fertig werden würde. Aber diesmal, als ich anfing, über die Erschaffung der Welt, den Sündenfall und all meine Lieblingsthemen zu sprechen, schwieg er einfach. Er begann erst zu reden, als ich fertig war und nichts mehr wußte. Es ist eine sehr gute Methode, Geduld walten zu lassen! Als er anfing zu reden, fiel ich ihm ins Wort und sagte, daß ich nicht noch einmal über das Problem Sündenfall sprechen wolle. Das war aber gar nicht seine Absicht. Er gab ehrlich zu, daß er von Wissenschaft nichts verstehe. Dann aber begann er über die persönliche Sünde zu reden, und zwar sehr höflich, sehr lieb, doch sehr deutlich und ganz persönlich, wie auf mich zugeschnitten. Schließlich erwiderte ich: „Sie scheinen mich sehr gut zu kennen. Haben Sie mit meinen Eltern über mich gesprochen?" — „Nein, so etwas tue ich nicht", war die Antwort. Und ich wußte, daß er die Wahrheit sprach. „Aber woher kennen Sie mich denn so gut, Sie haben mich ja nur einmal gesehen?" Seine Antwort war: „Wissen Sie, ich kenne die Bibel, und die Bibel kennt Sie. Da ich in der Bibel Bescheid weiß, kenne ich auch Sie. Ich rede nur von dem, was die Heilige Schrift sagt. Und weil Sie innerlich getroffen sind, ist das ein Beweis dafür, daß sie recht hat und die Menschen richtig sieht."

Dieses Gespräch löste Streß aus und erschütterte mich sehr, denn es traf mich bis ins Innerste. Nachdem ich zugeben mußte, daß ich ein Sünder und im Grunde meines Wesens sehr deprimiert war, weil ich mit mir selbst nicht fertig wurde, was nun ganz offensichtlich geworden war, fragte er mich, ob ich denn nicht von meinen Sünden Befreiung haben möchte. „Ja", antwortete ich, „ich möchte den Sieg über die Sünde haben, möchte wieder ein ‚geradliniger' Mensch werden", denn ich wußte, daß wenn man mit sich selbst nicht fertig wird, die entste-

120

hende Sünde den Charakter verbiegt und ein Grund von Malaise ist.

Nun versicherte er mir, daß das unter der Bedingung möglich sei, daß ich mich als Sünder bekenne und um Vergebung bitte. Das schien mir sehr vernünftig, und ich war damit einverstanden. Vorausgesetzt, daß das Wesen des christlichen Glaubens eine unbedingte Gabe Gottes ist, war ich gerne bereit, darauf einzugehen. Der General nannte dann doch eine Bedingung, die auch biblisch begründet war: „. . . denn mit dem Herzen glaubt man zur Gerechtigkeit, mit dem Munde aber bekennt man zur Seligkeit" (Röm. 10, 10), und „. . . wer mich aber verleugnet vor den Menschen, den werde ich auch verleugnen vor meinem Vater im Himmel" (Matth. 10, 33). Er erzählte mir, was es heißt, selig zu sein, heil und gesund, ansteckend fröhlich, ganz von Gott erfüllt. Ich konnte das von ganzem Herzen wünschen. Das wollte ich. Doch sagte er zu mir: „Sie sind nicht stark genug, auch zu bekennen; Sie sind eigentlich ein Feigling wie alle anderen. Auch das ist eine Sünde, und Sie müssen Kraft bekommen, sie zu überwinden!"

Ich war in meiner Ehre gekränkt und erwiderte: „Doch, ich kann bekennen, und ich glaube auch, daß ich das Heil brauche und daß, wie Sie sagen, Jesus Christus auch für mich gestorben ist." — „Gut", meinte er, „wenn Sie das glauben, beweisen Sie es. Gehen Sie sofort in die Küche zu meiner Frau, meinem Sohn und den beiden Töchtern, und bekennen Sie auf der Stelle, daß Sie an Jesus glauben und ihn bezeugen wollen. Zeigen Sie, daß Sie als angehender Naturwissenschaftler den Soldaten ebenbürtig sind, die zu gehorchen wissen!"

Jetzt stand ich vor der Entscheidung. Ich konnte nicht länger „fellow-traveller" bleiben, einfach nur Mitreisender sein, der mit allem einverstanden ist, solange es nicht heikel wird und nichts kostet. Ich mußte entweder ein Mann sein und Farbe bekennen oder als feiger, unehrlicher Spieler einen kläglichen Rückzug antreten. Nach einer letzten Aufforderung des Generals, ehrlich zu sein, ging ich, innerlich davon überzeugt, daß die Bibel recht hat, wenn sie von uns erwartet, daß wir auch mit dem Munde bekennen.

Da stand ich also in der Küche und sagte: „Mrs. Frost, ich bin überführt worden. Ich bin ein Sünder; ich weiß, daß die Bibel mich kennt und daß Jesus mich erlöst hat. Ich möchte es Ihnen auch mit Worten bekennen, wie es die Heilige Schrift verlangt." Da strahlte sie vor Freude und ich mit ihr.

Mit dem Bestehen dieser schrecklichen Streßprobe meiner „Ehre" drang ich zur Freude durch. Dies ist auch eine ganz allgemeine Regel, und ihre Erfüllung bedingt die echte Freude.

Gehorsam und dessen Folgen

Die Bewährung in der Zerreißprobe besteht also darin, daß man sagen kann: „Dennoch bleibe ich stets an dir", selbst wenn alles dunkel und hoffnungslos zu sein scheint, wenn gar keine Verbindung mehr da ist und man nicht mehr weiß, ob es einen Gott gibt oder nicht, wenn man absolut betäubt und verlassen ist.

Das war die Bewährung in der Prüfung und deren Begleiterscheinungen: Dennoch glauben, auf Jesus hoffen, ihn anrufen, seine Sünden bekennen und um Vergebung bitten, auch wenn man sich mit dem ganzen Wesen dagegen sträubt! In den Zerreißproben ist es entscheidend, trotz allem bei Jesus zu bleiben; nicht nur dann, wenn es uns gut geht und wir uns freuen, weil alles gelingt, sondern auch wenn alles verloren erscheint. Denn als Wissenschaftler war ich total in die Flucht geschlagen worden! Auch konnte ich meinen neuen Glauben naturwissenschaftlich noch nicht begründen. Das kam später.

Der Mensch, der in dunkelster Nacht, wo nichts mehr sicher und wirklich ist, wo die transzendente Welt total abgeschnitten ist, tief in seinem Innern sagen kann: „Dennoch!", der hat angefangen die Zerreißprobe zu bestehen und zu überwinden.

Johannes der Täufer war solch ein Mann. Er schickte aus dem Dunkel des Gefängnisses nach Jesus, weil er nach den großen Prüfungen und Anfechtungen nicht mehr wußte, ob er der Messias sei oder ob er auf einen anderen warten sollte. Es war wirklich finstere Nacht um diesen armen Mann. Doch seiner Standhaftigkeit und Gerechtigkeit wegen haben sie ihn schließlich im Gefängnis hingerichtet. Aber wir wissen auch, was für ein Urteil Jesus über diesen Glaubenszeugen abgab: „Unter denen, die von Frauen geboren sind, ist kein größerer Prophet als Johannes." Gehe ein, Johannes, in die Freude deines Vaters. Du hast die Streßprobe bestanden.

Wenn wir Jesus als unseren alleinigen Herrn und Meister angenommen, die Geburt zu einem neuen, ewigen Leben erfahren und die Gabe des Geistes Gottes empfangen haben, sollten wir auch gehorsam sein und Jesus vor den Menschen mutig bekennen. Dieses Bekennen, dieses Sich-öffentlich-Festlegen ist auch psychologisch richtig, wenn auch streßvoll. Es hilft und stärkt uns; die Verbindung mit Gott wird besiegelt.

Das Bekennen, das Heraustreten, kann je nach Situation und Person verschiedene Formen annehmen. Ich erinnere mich an den Kerkermeister in Philippi (Apg. 16, 25—34), der nach dem Erdbeben sofort einsah, daß er mutig handeln mußte. Mit seinem ganzen Haus bekannte er sich öffentlich zu Jesus und ließ sich taufen. Hier lag der Gehorsamsakt in der öffentlichen Taufe.

Eine andere Form des Gehorsams kann sein, wenn sich ein Geschäftsmann jeden Tag die Zeit nimmt, vor Gott still zu werden. Auf diese Weise erhält er Verbindung zu Jesus, wird gestärkt und erfrischt, die Betäubung seiner Sinne hört auf. Für den andern kann der Gehorsam darin bestehen, daß er treu mit dem Geld umgeht und auch den Steuerbehörden gegenüber ehrlich ist.

Für einen weiteren kann es ganz einfach heißen: in allem Jesus vertrauen. Als Verstandesmensch hat man damit oft Mühe. Wenn man den Weg nicht sieht, fällt es schwer zu vertrauen. So geht es mir als Wissenschaftler. Da muß man eben lernen zu vertrauen, auch wenn alles dunkel, streßvoll und finster erscheint. Dann antwortet Gott durch seinen Geist und erfüllt uns mit großer Freude, auch im Leid und in der Anfechtung. Bewährung in der Streßprobe bedeutet, einen Gehorsamsakt mitten in der Probe zu vollbringen!

Dieser Gehorsamsakt des Bekennens bewirkt, daß Gott uns von aller Verkehrtheit etappenweise befreit. Alles wird hell und klar, und wir lernen jubeln vor Freude und Dankbarkeit.

Ich erfahre dies nach jedem kleineren und größeren Gehorsamsakt. Dann ist es nicht mehr nötig, nach künstlicher Freude durch Drogen zu greifen. Wir werden in unserem Innern erfüllt von wahrer, echter Freude. Wir haben einen wunderbaren, dauerhaften Frieden mitten in den Streßproben des Lebens.

Die Gaben Gottes sind für jeden von uns da. Wir kennen den Weg. Er heißt Jesus Christus. Er stellt uns in seine Nachfolge.

Epilog

Das Thema „Der Mensch im Streß" ist komplex und deshalb schwer zusammenzufassen. Wir wollen es also nicht versuchen. Aber mein Lebensweg hat mir die Erkenntnis gebracht, daß oft gerade die Menschen, die viel Streß durchmachen oder durchgemacht haben, diejenigen sind, die nicht nur ausgeglichenere Charaktere sind. Sie sind oft Menschen, die vom Transzendenten her leben und sich in ihm freuen.

Es ist bekannt, daß die Juden, als sie reich, satt und somit streßarm wurden, ihren Gott vergaßen. Als sie aber in der Wüste, in Ägypten und im Kampf um das Heilige Land hart gestreßt wurden, wurde das Bild ganz anders. Im Streß bekamen sie aus dem Transzendenten her sogar die herrlichen Zehn Gebote durch Mose. Dazu noch sahen sie von nahem die Spuren ihres Gottes. In den streßvollen Situationen erlebten sie eine transzendente Lebensführung und Auffassung ganz anders als später im streßarmen Sattsein. Streßlos nörgelten sie ihr Leben dahin.

Doch genügte Streß an sich allein nicht, um ihre Freude an ihrem Gott zu wecken. Oft genug sieht man die Fälle, wo die Juden im Streß alles andere als glücklich und froh in ihrem Gott waren. Sie mußten noch dazu, zu dem Streß, auf die leise Stimme nach dem Kampf lauschen. Dann ging es gut. Die Reihenfolge war also immer „Streß plus darauffolgende Ausspannung und Stille". Diese Formel funktionierte!

Im Vorhergehenden haben wir versucht, den Schleier des Problemes und des Geheimnisses des Stresses zu lüften. Der Streß erschöpft die fünf Sinne. Die Ruhe nach dem Kampf dämpft sie. So kam der Sinn für das Transzendente zur Geltung.

Wenn nun der Sinn des Lebens nicht total im materiellen Leben zu finden ist, muß er, teilweise wenigstens im Transmateriellen, Transzendenten liegen. Man braucht das Materielle u n d das Transzendente, um den ausgeglichenen Sinn hinter dem Leben zu finden. Wenn das materielle Leben sinnlos erscheint, dann wird der Mensch unglücklich und die Freude selbst am materiellen Leben schwindet. Deshalb haben die Menschen von jeher instinktiv den Sinn des Lebens hinter dem Leben und der Materie gesucht — und auch gefunden. Das Transzendente hinter dem Materiellen hat den Menschen immer fasziniert.

Erst jetzt fangen wir also an zu ahnen, warum der Mensch so vielerlei Streß ausgesetzt wird. Vielleicht liegt die Antwort doch darin, daß der Mensch erst nach dem Streß zur Ruhe kommt. Und in dieser Ruhe öffnet sich der „sechste Sinn", der vorher, als es ihm gut ging und sein materielles Leben einseitig ausgefüllt war, kaum zur Geltung kam. Der „sechste Sinn", zusammen mit der Offenbarung Gottes in der Gestalt Jesu Christi, stillt ihm dann seinen Hunger und Durst nach dem ewigen Leben. So dient selbst der Streß denen zum besten, die Gott lieben und lieben lernen . . . wobei die leise Stimme nach dem Streßkampf hörbar wird.

Anhang

In gewissen Kreisen werden Gedanken über transzendente Erfahrungen durch LSD, Meskalin und Cannabis mit Angst, ja mit Skepsis begegnet. Wenn psychedelische Drogen den Weg der menschlichen Gedanken zur transzendenten Welt öffnen, wird das ganze Verfahren oft sogar als okkult angesehen. Es erregt auch Mißtrauen, wenn man vom „sechsten Sinn" oder von einer zweiten Sicht mittels Drogen spricht. Man meint, daß dadurch der Glaube an Christus, der uns allein rettet, dem „sechsten Sinn" oder der zweiten Sicht gleichgestellt wird. So wird, meint man, der alleinseligmachende Glaube an Christus mit transzendenter, zweiter Sicht verwechselt. Was soll man zu diesen ängstlichen Bedenken sagen?

Es ist klar, daß Menschen wie Timothy Leary der Meinung sind, daß Drogen wie LSD echte Religion schlechthin vermitteln. Für den gläubigen Christen ist es doch klar, daß keine Droge den Glauben und das Vertrauen an Christus vermitteln kann. Somit kann keine Droge wirklich echte christliche „Religion" vermitteln. Auf der anderen Seite ist auch klar, daß LSD, Meskalin, Psilocybin usw. eine zweite Sicht oder einen „sechsten Sinn" zu vermitteln vermögen. So müssen wir unterscheiden zwischen echtem Glauben an Christus und transzendenter, zweiter Sicht.

Warum fürchten aber so viele ängstliche Seelen, daß wir diesen Unterschied nicht machen? Es ist die Überzeugung des Verfassers, daß diese Angst teilweise von mangelnder Bibelkenntnis herrührt, und zwar aus folgenden Gründen:

1. Die Bibel lehrt, daß der Mensch durch Buße und Bekehrung zum auferstandenen Jesus Christus Christ wird. Es gibt keinen anderen Weg. Die Bekehrung schließt erstens die ewige Erwählung Gottes und zweitens den Willensentschluß (beeinflußt durch die Tätigkeit des Heiligen Geistes) des betreffenden Menschen in sich.

Hier ist von keiner transzendenten Erfahrung, keinen Visionen, von keiner zweiten Sicht noch „sechstem Sinn" die Rede. Der

Schritt zu Jesus Christus ist ganz einfach und nüchtern.

2. Nachdem ein Mensch zum Glauben an Jesus Christus gekommen ist, fängt er an durch Gemeinschaft mit Gleichgesinnten, durch Gebet, durch Bibellesen und Bibelpraxis, durch Zeugnisablegen und durch Brotbrechen nach Apostelgeschichte 2, 42 im Glauben zu wachsen. Wiederum ist hier keine Rede vom „sechsten Sinn" noch von zweiter Sicht. Die jungen Christen hielten zusammen, beteten, arbeiteten, brachen gemeinsam das Brot und legten Zeugnis ab. So wurden sie von Freude erfüllt. Wir hören bis jetzt nichts von transzendenter Erfahrung.

3. Nachdem obige Basis des christlichen Lebens gelegt worden ist, gibt es aber eine weitere Entwicklung im Leben des Christen, die heutzutage leider oft übersehen wird. Diese Entwicklung wird in Hebräer 6 als eine „Lehre für Gereifte" (Zürcher Bibel) gekennzeichnet. Alle Kinder Gottes kennen die Basis des christlichen Lebens, wie sie in diesem Kapitel der Bibel genau beschrieben wird (Buße von toten Werken, Glauben an Gott, die Lehre der Taufen, Handauflegung,

Totenauferstehung und ewigem Gericht). Die Bibel baut aber auf diese sechsfache Basis auf! Erst wenn diese sechsfache Basis vorhanden ist, kann der Christ in seiner geistlichen Entwicklung vorwärtsgehen. Wie sieht diese Entwicklung aus? Das gleiche Kapitel (Hebr. 6) gibt uns exakte Auskunft darüber: man wird „erleuchtet". Man „schmeckt die himmlische Gabe", man wird „des Heiligen Geistes teilhaftig", man „schmeckt das herrliche Wort Gottes und die Kräfte der zukünftigen Welt."

Was bedeuten nun „die Kräfte der zukünftigen Welt"? Paulus selbst gibt uns in seinem zweiten Brief an die Korinther 12, 2—4 Auskunft: „Ich kenne einen Menschen in Christus; vor vierzehn Jahren — ist er in dem Leibe gewesen, so weiß ich's nicht; oder ist er außer dem Leibe gewesen, so weiß ich's auch nicht; Gott weiß es — da ward derselbe entrückt bis an den dritten Himmel. Und ich kenne denselben Menschen — ob er in dem Leibe oder außer dem Leibe gewesen ist, weiß ich nicht; Gott weiß es —; der ward entrückt in das Paradies und hörte unaussprechliche Worte, welche ein Mensch nicht sagen darf."

Daraus geht hervor, daß der noch lebendige Paulus noch vor seinem Tode in das Paradies, ja in den dritten Himmel Gottes, entrückt wurde. Man wäre wirklich mutig, wenn man versuchen würde, so zu argumentieren, daß das Paradies und der dritte Himmel dreidimensionale Strukturen seien wie unsere jetzige Welt von Fleisch und Blut und Materie! Das Paradies und der dritte Himmel sind sicher transdimensionale, transzendente „Objekte". Dorthin kam der große Apostel Paulus, und zwar in einem Zustand, in welchem er nicht mehr wußte, ob er „im Leibe" oder „außerhalb des Leibes" war. Das Paradies und der dritte Himmel sind sicher „Teile" der zukünftigen Welt und ihrer „Kräfte".

So groß und überschwenglich waren diese Offenbarungen der zukünftigen Kräfte, daß Paulus sie nicht hätte ertragen können, hätte Gott ihm nicht einen „Dorn ins Fleisch" gesandt, um ihn vor einer Art — wie er selber sagt — Überheblichkeit zurückzuhalten. Diese Erfahrungen stellten den „bloßen" Glauben des Apostels nicht dar — das Blut Christi war und blieb die alleinige Basis seiner Errettung. D o c h   k a m e n   s e i n e   t r a n s z e n d e n t e n   E r f a h r u n g e n   a l s   e i n e   E n t w i c k l u n g   a u f   d e r   B a -

sis seiner Errettung in Jesus Christus zustande.

Noch etwas: Wir wissen ziemlich genau, wie Paulus zu dieser Entwicklung seines christlichen Glaubens kam. Das heißt, wir kennen die „Methodik", die ihm zu diesen großen Erfahrungen verhalf, denn er selber hat sie für uns niedergeschrieben. Der Brief an die Philipper, Kapitel 3, gibt uns heute noch den Schlüssel für unsere persönliche Entwicklung in dieser Richtung. Es handelt sich um eine Dialektik, die heute leider fast total bei der üblichen Verkündigung des Evangeliums übersehen wird.

In Philipper, Kapitel 2, 5—11, beginnt der Apostel seine diesbezüglichen Überlegungen mit der Feststellung, daß der Herr Jesus Christus, um uns zu gewinnen, alles darangab. Selbst sein eigenes Leben opferte er willig auf, um uns und unser Vertrauen zu gewinnen. Um diese liebende Opferbereitschaft zu belohnen, wurde Christus über alles, was im Himmel, auf der Erde und unter der Erde waltet, erhöht. Der Opfertod Christi in unserer materiellen dreidimensionalen Welt, wurde mit höchster Instanz in der supradimensionalen, transzendenten Welt Gottes belohnt.

Angesichts des Lebens und Sterbens Jesu Christi (mit seinen oben erwähnten Folgen in der transzendenten Welt), uns zu gewinnen, dreht der Apostel, sozusagen, den Spieß um, indem er uns mitteilt, daß er für sich genau die gleiche Haltung in Anspruch nehmen will, um die prinzipiell gleichen „Folgen" zu erlangen. Denn Paulus teilt uns in Kapitel 3 mit, daß er sich aller Dinge enthält, daß er alles für Kot achtet, alles für Schaden hält, „um C h r i s t u s zu gewinnen". Paulus gab alles dahin, was er war und besaß, „um Christus zu gewinnen". Christus war Paulus mehr wert als sein eigenes Leben, genauso wie Paulus Christus mehr Wert war als sein eigenes Leben, das er am Kreuz opferte.

Die Konsequenz dieser Haltung ist wichtig. Für Christus war sie die Auferstehung in Herrlichkeit zur Rechten Gottes, weshalb Gott Christus alle Dinge untertänig machte. Die Konsequenz dieser gleichen Haltung ist auch beim großen Apostel ähnlich: Die Krone des Lebens in der Herrlichkeit nahe bei seinem Meister Christus, dort ewig bei ihm zu sein und mit ihm zu regieren. Diese Haltung bestimmt nicht das Heil, die Erlösung. Wohl aber bestimmt sie die Herrlichkeit in der transzendenten Welt — für Christus und auch für uns. Die Bibel lehrt das so klar, wie sie auch die Heilsgewißheit lehrt. Christus g e w a n n seinen Kampfpreis in der transzendenten Berufung als Oberhaupt des Universums. Seine Kampfweise war und ist klar (das Kreuz). Paulus will die gleiche Kampfmethodik oder Haltung mit dem gleichen Ziel in Christus anwenden. Die Haltung besteht in der totalen gegenseitigen Hingabe zwischen Christus und seinem Geschöpf. Das Ergebnis für Christus war, daß er sich der zukünftigen Kräfte auch während seines Erdenlebens wie auch nachher erfreute. Der Hebräerbrief spricht auch von einem „Schmecken der Kräfte der zukünftigen Welt" für die Gläubigen als von einer normalen Entwicklung ihres christlichen Lebens.

Die Anwendung

Wer die vorhergehenden Seiten dieses Buches sorgfältig gelesen hat, wird gleich die Zusammenhänge erkennen. Der totale Verzicht, die totale Hingabe Christi, vermittelte ihm die höchste Stelle in der transzendenten Herrlichkeit in der Auferstehung. Pauli V e r z i c h t und Pauli H i n g a b e — nach seiner Erfahrung des Heils durch den Glauben allein — vermittelten auch ihm nicht nur einen Vorgeschmack der „Kräfte der zukünftigen Welt", die er nach 2. Korinther 5, 1—6 und 12, 1—6 schon in diesem Leben erfuhr, sondern auch die permanente Wirklichkeit dieser Erfahrung nachher mit Christus, als er in die gleiche Herrlichkeit mit Christus einging.

Es ist natürlich überflüssig zu bemerken, daß die Mehrzahl der Gläubigen heute so gut wie nichts von diesen Dingen wissen. Ihre Pfarrer und Prediger lehren sie selten, und alte Bücher über diese Themen liest man heute nicht mehr. Liegt es vielleicht in diesem Punkt, d a ß   V e r z i c h t   d u r c h   E g o i s m u s   e r s e t z t   w o r d e n   i s t ? Die Auswirkungen von E g o i s m u s sind denen von Verzicht bezüglich des Charakters entgegengesetzt.

Der Mensch wird durch einen immer höheren Lebensstandard und durch den ihn begleitenden Egoismus und „Mitnehmegeist" förmlich erstickt. Der moderne Mensch versteht praktisch nichts mehr von den erfreulichen Auswirkungen des Verzichtes auf den Charakter und auf die Erfahrung des eigenen Bewußtseins. Deshalb greift er zu einem synthetischen „Verzicht" durch Drogen, die ihm die vielen Impulse des heutigen Lebensstandardes etwas „drosseln", damit die andere Welt zu seinem Bewußtsein durchdringen kann. So kommt der moderne Mensch zu einer Art pharmakologischen Verzichtes — er kann nicht mehr alles genießen, wenn er unter dem Einfluß von psychedelischen Drogen ist.

Wie wir schon ausgeführt haben, vermitteln die psychedelischen Drogen eine zweite Sicht oder „sechsten Sinn" (ganz gleich wie man sich ausdrücken will), nicht aber das Heil. Der Drogenmensch bekommt also durch Drogen psychedelischer Art die Möglichkeit, die „Kräfte einer zukünftigen transzendenten Welt" zu schmecken, ohne aber die Basis für diese Erfahrung, nämlich das Heil, die Vergebung, die Reinigung von Schuld, zu besitzen. So wird er durch Drogen unvorbereitet in eine ewige Welt plötzlich hineinbefördert.

Natürlich, diese Welt besteht nicht nur aus dem sogenannten „Guten", sondern auch aus dem „Bösen". Wir wissen nach der Bibel, daß in dieser transzendenten Welt gute wie auch böse Kräfte wirksam sind. Wir wissen auch, daß unerlöste Menschen unter dem Einfluß psychedelischer Drogen mit dem Satan in Verbindung kommen können. Viele intelligente Menschen werden durch solche Erfahrung psychotisch und unnormal. Es ist also nicht verwunderlich, daß die Bibel nichts gegen die Erfahrung der transzendenten Welt und ihrer Kräfte einzuwenden hat, solange die Erfahrung durch „Christi und Pauli Methodik" (Heil, Verzicht, Hingabe, Liebe) geschieht. Wenn sie aber auf „billige" Art und Weise durch „Instant Mysticism" und Drogen geschieht, wird die Erfahrung strengstens verboten. Die Gründe dieses Verbotes müssen wir kurz streifen.

Galater 5, 20, Offenbarung 9, 21; 18, 23 und 21, 8 sprechen von einer „Zauberei durch Drogen" (Gr. = pharmakeia, pharmakeus, pharmakos). Der Gedanke hinter den oben genannten Aussagen ist der der „Verzauberung durch Drogen", was heute ungefähr dem Einfluß eines „Trips" gleichkommt. Damit sind „Trancezustände" gemeint, die durch Drogen wie Cannabis hervorgerufen werden können.

Bekanntlich haben Stämme der amerikanischen Indianer Drogen gewisser Pilze für religiöse Zwecke seit Generationen benutzt, und die dadurch verursachten Trancezustände (religiöse Ekstase unter anderem) sind in den letzten Jahren eingehend untersucht worden. Seit Menschengedenken sind solche psychedelischen Drogen benutzt worden, um „religiöse Erleuchtung" zu fördern. Moderne Literatur über dieses Gebiet bestätigt die alten Aussagen (siehe z. B. Psychedelische Erfahrung, von Timothy Leary, Ralph Metzner und Richard Alpert. Otto Wilhelm Barth Verlag, Weilheim, Oberbayern, BRD).

Es ist klar, daß die Bibel transzendente Erfahrungen, wie die des Apostels Paulus (und auch des Apostels Petrus nach Apostelgeschichte 10, 11; vgl. auch die Patmoserfahrung des Apostels Johannes), als solche nicht verbietet. Was sie aber verbietet, ist ihre künstliche Erzeugung durch Drogen. Da der unvorbereitete Mensch die Last seiner Sünde nicht hinweggetan hat, wird er unweigerlich zu den sogenannten „bösen Kräften" in transzendente Situationen gezogen und von ihnen betrogen werden. Drogenerzeugte Trancezustände sind deshalb von der Bibel her streng verboten, denn sie geschehen ohne die Disziplin des Verzichtes und des Heils.

Wir stellen also fest, daß der Glaube an Christus und zweite Sicht (oder „sechster Sinn") zwei verschiedene Angelegenheiten sind. Glaube an Christus ermöglicht spätere transzendente Erfahrung innerhalb der Bedingungen, die die Bibel festlegt. Erzwingung derselben durch Drogen ist von der Bibel her verboten und deshalb auch potentiell gefährlich.